BOZZONARUBU

Sátira Distópica Hiper-Realista em 5 Atos e Meio

Hellgina NoArt

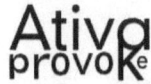

Ativa
provoKe

ISBN-13: 9798657541410
ISBN-10 1477123456

Design da capa por: Rodrigo Berni (@rodrigo.berni)
Número de controle da Biblioteca do Congresso: 2018675309

Impresso nos Estados Unidos da América

[Citação suprimida por questões de decoro ideológico.]

"Por que? Ora, por que? Porque eu posso e vou suprimir, porra! Acabou."

Presidente-Rei BozzonarUbu

ÍNDICE

O ditador está nu

BozzonarUbu: Ópera-Meme com ressonâncias de 'Uma Piada Mortal'

"O fascismo expande a lógica do espetáculo ao campo da política, com seu populismo, seu apelo à estética da violência, seus discursos maniqueístas e simplistas, seus memes e slogans vazios, suas demonstrações de guerra. A única forma de canalizar os intensos afetos da multidão sem alterar a estrutura da propriedade, entretanto, é por uma intensa violência que guie as frustrações de uma maneira que não desestabilize o sistema".
Coletivo Ponte – "Notas sobre o Fascismo Tropical" disponível em https://periodicoanarquista.wordpress.com/

Não tem andado nada fácil (sobre)viver no Brasil contemporâneo.

A bem da verdade, atualmente o mundo inteiro não tem se mostrado um espaço de muita liberdade, não é mesmo? Como se viver num mundo que anda tão literalmente irrespirável?

O caso do Brasil, no entanto, é bastante singular no sentido em que sua hediondez a nível moral e político de uns tempos pra cá - particularmente desde o processo de repolitização das forças armadas como resposta à formação da Comissão Nacional da Verdade formada em 2011 para atender familiares de desaparecidos no regime militar - tem buscado uma coalizão ideológica na busca de controle absoluto da narrativa histórica a respeito dos crimes do período da Ditadura Militar.

Com botas marchantes, um tosco e fraudulento revisionismo deseja apagar da memória do povo suas lutas, conquistas, direitos e suas possibilidades de desenvolvimento. Os antigos poderes, adormecidos no seio da recente democracia, se rearticulam sob novas máscaras e têm estimulado a criação de inimigos internos e conspirações globais.

A nova manifestação de tais antigos poderes torna-se cada vez mais visível no que atualmente tem se chamado "bolsonarismo". E essa forma de atuação política e visão enviesada – e totalmente paranóica - da realidade busca refúgio e expressão em camadas alienadas da população e em gente que perdeu a esperança nas iniciativas positivas das frentes progressistas.

Sua força tem se tornado manifesta nos meios midiáticos – principalmente digital – mas, deixa suas sombras e rastros de violência no cotidiano, nas ruas, nos enfrentamentos e mobilizações realizadas em meio ao contexto da pandemia. Momento em que as autoridades sanitárias e infectológicas recomendam o esvaziamento, distanciamento e isolamento social nas quarentenas, alguns até defendendo o *lockdown* que vem afetando a realidade sócio-econômica mundial.

Com suas crenças antitéticas conservadoras mal enjambradas numa licenciosidade neoliberal, os apóstolos do bolsonarismo vaticinam contra os cuidados e recomendações médicas e acusam os poderes locais de atentado à Economia. No entanto, temos visto o quanto as mortes não param de crescer e a pandemia encontra-se ainda muito distante de ser contida. Na realidade, já começa a pipocar novos casos do que foi previsto como a *Segunda Onda da CoVid-19*.

O bolsonarismo, eivado de conspiracionismo e obscurantismo advindo de um tipo de mentalidade medieval teológico-templária, continua a cometer atrocidades e a destruir a sociedade introjetando cada vez mais caos, mais mentira e mais violência.

É um dos sinais do fim dos tempos, poderiam até pensar os profetas religiosos. E parece que eles teriam alguma razão.

No caso, os profetas... não os apóstolos da irracionalidade infantil e genocida dos bolsonaristas. Não contavam com tais astúcias: sigam o bolor...

Do bolsonarismo enquanto força antipolítica regressiva no panorama da peça

O bolsonarismo, enquanto cria saudosista da ditadura e de seu perverso regime sanguinário, tenta se apoderar da consciência do povo brasileiro a partir de táticas de falsificação, disseminação de desinformação (particularmente *fake news*), intimidação e estímulo a formação de milícias armadas reais e virtuais.

Sua incansável campanha anti-iluminista segue em escalada apelando às paixões reprimidas das massas numa espécie de câmera de eco das hordas primitivas apegadas ao controle militar e moral pela força e pela ostentação da violência simbólica, econômica e social.

Seu populismo precário, machista e narcisista, voltado aos interesses imediatos de uma elite que não tem a mínima vergonha da exploração e da desigualdade gerada por ela, alimenta uma massa de iludidos cegos que se sentem vivos na pulsação orgânica deste ódio que consome todas as horas de seus dias. Elite essa que não tem a mínima afetação moral em mandar milhares de pessoas, em período de pandemia, morrerem infectadas nas ruas em nome de seus intocáveis e megalomaníacos lucros econômicos.

Em um período tão crítico e delicado como o atual, essa vertigem e paroxismo de violência e sede de vingança que segue a paranoia elaborada na cabeça de ideólogos tacanhos e *pseudofilósofos*, o que se vê?

Ao invés de ações e campanhas para conter riscos de contágio e aumento da mortandade, Bolsonaro e seus ministros falam em uma sinistra reunião ministerial de "armar a população". Reunião essa que, pasmem, teria sido convocada para se tratar de um "plano de recuperação econômica pós-Pandemia", mas que degringolou para uma cena de churrasco em que os Ministros, dentre outras "amenidades", quebram totalmente o decoro parlamentar, falam palavrões, fazem bravata com os outros poderes da República, insultam povos, nações e acusam inimigos ideológicos.

As pessoas estão sendo estimuladas - pelo negacionismo dos altos escalões bolsonaristas - a saírem na rua como "se tudo estivesse normal", para nos fins das contas se contaminarem e morrerem. E se não morrerem ou facilitarem a morte de outros com a transmissão da doença - ou por meio do "tratamento" à base de Hidroxicloriquina repetidamente recomendada pelo "especialista em saúde" Jair Bolsonaro - essas pessoas terão as condições e serão impulsionadas a matarem umas às outras numa potencial guerra civil. Sintomático: em vídeo antigo – dos anos 90 – o então Deputado Jair Bolsonaro aparece num programa de TV e diz que o Brasil deveria passar por uma "limpa" através da tal guerra civil. O número de mortes sonhada pelo aspirante a ditador de então – 30.

000 àquela altura – já foi mais do que triplicado atualmente pela pandemia.

A paixão e o ressentimento insatisfeitos das classes médias - e suas invejosas fantasias de opulência – persegue, enquanto objetivo, descarregar-se no frenesi criado pelo genocídio patrimônico dos desfavorecidos em nome do distanciamento socioeconômico que os torna uma "classe especial" com maior acesso que outros aos bens de consumo e os fazem se sentir como partícipes de um "código de vida próprio" à elite.

Tais péssimos e grotescos costumes aparecem pintados no enredo dessa peça, por meio de gestos, falas e "idéias" que poderiam fazer vomitar o mais sensível Werther e chorar o nosso querido bufão Carlitos.

Por isso, uma leitura desavisada desse texto - não atenta aos termos já postos em seu subtítulo - poderá engendrar uma interpretação favorável à acomodação e destituição histórica operada pelo bolsonarismo em sua forma inovadora de fascismo, o fascismo tropical.[1]

O sufocamento engendrado no arco de narração parece dispor a uma falsa idéia de que não se é possível contestar ou reverter o quadro. Não é essa a intenção. Mas, mostrar que o pior sempre pode ser piorado, principalmente se deixarmos que nos manipulem de tal forma como se tem manipulado.

---

[1]Principalmente por não expôr em sua trama a superação da situação por parte de uma oposição fatalmente articulada. (E como isso fala muito do Brasil atual e a eterna rinha de galo das esquerdas... e a "utopia" de uma frente popular democrática com toda a oposição a Bolsonaro, que se fala, problematiza e nunca consegue chegar a um acordo.)

Do porquê da sátira operar como denúncia legítima

A sátira enquanto tal apresenta a ridicularização e o apelo sardônico como métodos sistemáticos de condução narrativa. É percorrendo os meandros desta salada de pensamentos dicotômicos e reduções preconceituosas alicerçadas sobre práticas de extermínio de vidas e dignidades que entendemos o alcance e o escopo da pulsão de morte que conduz os acontecimentos narrados.

Neste caso específico - e em se tratando de história contemporânea - o ridículo, o constrangedoramente imbecil e datado, retorna como o mais brutal dos antigos hábitos. E estende o seu reinado através do domínio do sentido de "fundo" e da performance.

A ordem geral é matar, queimar o passado, controlar a narrativa, corromper as perspectivas e o que vai ser permitido ensinar às próximas gerações. Combater pesquisadores, cientistas, filósofos, artistas, intelectuais - como gente "degenerada" - "olhar pra frente" e "não carregar cemitério nas costas" são práxis básicas e elementares nesta guerra cultural operada pela máquina bolsonarista.

Irônico que, em se tratando de só "olhar pra frente", o bolsonarismo adora retroagir ao período do regime militar para cantar seus falsos "louros" – isso quando não retorna à Idade das Pedras ou o Baixo Período das Trevas medievais.

Junto às tais expressões a atual ex-secretária da Cultura e ex-atriz global Regina Duarte tinha acrescido a recomendação de "fique leve", numa encenação de afetação e de desentendimento dos problemas ligados ao seu discurso e as práticas vigentes no fascismo tropical bolsonarista. E com isso fazer com que milhares não identifiquem o motivo para se rebelarem, a fonte de todas as injustiças instituídas, sofridas e normatizadas no cotidiano.

Ora, Bolsonaro não é apenas um personagem ou caricatura mal diagramada de ditadores sanguinários que constantemente emergem do chorume da história. Sua pose vaidosa mal disfarça sua covardia – ele diz, desdiz, volta atrás, renega, mente descaradamente, mas nunca larga a mão da destruição contínua da felicidade das diferenças. Ele oculta cadáveres em cada um de seus gestos pensados para torturar o bom senso e a razão - e se ele não puxa diretamente o gatilho, as suas milícias fazem por ele o trabalho sujo enquanto ele limpa o terreno político, econômico e jurídico para o genocídio instituído e que continua por aí montado em cavalos, viaturas, camburões ou helipcópteros executando famílias e jovens de periferia.

Avançam, assim, no pântano da realidade brasileira, e na peça em questão, com uma mão segurando uma cruz – com o apoio das religiões cristãs neopentecostais – e na outra uma arma carregada apontada para os inimigos democratas, apoiadores dos direitos humanos, ONGs, professores, revolucionários, minorias, estudantes, jornalistas, cientistas - que em seu devaneio conspiratório acabam sendo reduzidos a "comunistas" em sua maneira simplista de ver as dinâmicas históricas sociopolíticas.

Emoções e concepções essas ainda herdadas do período da Guerra Fria – que parece ser o período no qual ficou incubado o que sobrou de "cérebro" no acerebrado Capitão paraquedista - que o período da ditadura militar ilustrou e representou bem em seus cacoetes paranoicos e arroubos arbitrários.

A falsificação e esterilização de toda a crítica age como envenenamento ideológico e morte cognitiva da nação. Pulverizados e amarrados na impossibilidade de ir às ruas – o que tem mudado de tempos pra cá desde que torcidas organizadas antifascistas foram às ruas contra os antidemocratas defensores do AI-5 - , desassistidos pelos cortes orçamentários de incentivo à ciência, à cultura, artistas e segmentos inteiros são desmobilizados pela maquinaria da mentira e pela opressão institucional.

A oposição se vê num encruzilhada insurrecional histórica sem precedentes: com a pandemia a toda nas ruas, não pode ocupá-las normalmente sob risco mortal. No entanto, estão sendo convocadas a elas para a defesa da dignidade, da democracia, dos direitos, da liberdade e combater o que por hora a ocupa: o vírus *bolsonarista*. A morte está em todos os lados desta encruzilhada – seja pelo vírus, seja pela destruição operada em todos os campos da vida, da memória e da história pelo bolsonarismo.

Na peça somos forçados a assistir o total silenciamento dos discursos de oposição e o ajustamento da forma do discurso ao seu próprio conteúdo e vice-versa, enrijecendo os personagens em couraças de caráter e personalidades fascistóides. Na realidade, vemos de um lado a polícia soltar bombas contra jovens manifestantes que buscam ainda respirar um pouco de democracia e, do outro, policiais abraçando manifestantes pró-governo que ostentam símbolos norte-americanos e de outros regimes ditatoriais do Capital... além de um taco de beisebol com a inscrição "diálogo"[2].

A representação fidedignamente caricatural, grotesca e superficial dessas personagens só comprovam o quanto a própria realidade parece se desdobrar nesta superfície lisa como uma sátira de mal gosto. E para a qual a própria crítica já está excluída de qualquer participação possível, exceto no papel dos personagens imolados e invisibilizados cujos corpos, discursos e práticas, a opressão, o arbítrio e a violência se exercem sem qualquer limitação ou mesmo intimidação.

---

2   Aqui os memes parecem não apenas prever zombeteiramente a realidade, mas também dispôr o real histórico ao escrutínio do ridiculamente tosco e doentio.

As pandemias à brasileira: o incentivo à violência e a estilização da miséria cultural sob a batuta do líder negacionista

O verdadeiro surto pandêmico no Brasil - além do atual Covid-19 que é passageiro, esse sim é ainda de duração "permanente" - é a manipulação virótica da inércia, da "consciência" e a congestão brutalizadora de braços dados com a indiferença do poder público.

Poder esse que, na arrogância assassina de suas prerrogativas irresponsáveis e seus "E daís?" cotidianos, abre a vala comum sob os pés dos direitos conquistados com o peso da luta histórica dos trabalhadores e dos grupos étnicos massacrados e dizimados por essa colonização que reza seus sacramentos sobre os cadáveres esquecidos com suas vozes e corpos saqueados.

O analfabetismo, o excesso de superstição, as crises institucionais, as disputas internas, as inadequações individuais, a tendência à idolatria (não apenas religiosa ou mítica, mas também ao reforço midiático ao culto de pessoas ricas e vazias que se tornam "modelos" de "sucesso", "talento" e" boa vida" com a consequente bajulação gerada a partir daí), a falta de encorajamento, amadurecimento político e coparticipação criativa na cultura são tragédias tão emblemáticas quanto a fome, o genocídio de indígenas e jovens e crianças negras nas periferias.

A democracia e a "meritocracia" jamais acessou os quinhões, as periferias das cidades do Brasil. Eis aí o Brasil "profundo": um verdadeiro ralo histórico, um bueiro de onde tem saído cada vez mais e mais monstros. E onde as dores andam cada vez mais desviadas pelo evangelismo de quebrada e vampirizadas por um falso mundo de meritocracia e de empreendorismo falsificado via aplicativos.

Não fosse o bastante encontramos naturalizadas ou teologizadas as faltas de oportunidades econômicas e sociais, a espoliação da riqueza natural com a queima e destruição de biomas e das florestas e genocídio de culturas ancestrais, a passividade crônica e a petulância da massificação que esmaga as sensibilidades, afetos, senso crítico e criativo das subjetividades brasileiras.

Não faltam terrores assaltando a civilização brasileira que encontra suas benesses obstacularizadas por uma dinâmica estrutural que sobrevive ao nos devolver, sarcastica e paradoxalmente, ao estado de pura barbárie.

A própria estrutura se apresenta como uma máquina aberta de imolação que não esconde mais seus dentes e nem os pobres que acionam as engrenagens contra e a despeito de si próprios enquanto os ricos ficam mais e mais irrealisticamente ricos.

O gado cultural continua a mugir nos torniquetes das consciências, nos minguados pastos e currais do Mesmo, os mesmos territórios semióticos da reprodução caolha das elites ignaras e do cultivo remelento dos pobres afetos e ricos ressentimentos que deixam o público latir em aberta sonolência - numa imagem de vida por meio de sua odiosa inversão -, subnutridos e de olhos bem fechados numa abstração compassiva e dogmática.

A orgia à brasileira não esquece de convidar ao carnaval a fome, o preconceito, a execução a sangue frio e a tara voyeurista. Tara na qual assistimos o privilégio dos ricos fartando-se na vida liberta enquanto as camadas que sustentam e produzem tais riquezas fantasiam e remetem por procuração mediatizada a realização de seus desejos e utopias por meio de mãos, corpos e sentidos das camadas elitizadas que reduzem paixões, vícios e prazeres ao campo da economia e da reificação mercantil.

Camadas essas que erigem artificialmente padrões de beleza e de prazer que se impõem a todos - reforçados pelas estruturas e indústrias da moda, do entretenimento, da mídia, da farmácia, da estética, da saúde física e mental, das notícias, das "artes" - e que monopolizam o acesso genético e fenótipo a tais gostos e concretizações cirúrgicas em seus diversos níveis de vida e de mercado.

As elites vivem enquanto todos os outros apenas se veem forçados ao julgo da sobrevivência[3] e passivamente transferem a realização de seus desejos para aqueles que durante toda a sua vida individual - e toda a história da civilização e da cultura - têm dissecado e controlado suas rotinas e acessos aos prazeres por eles construídos e per estes outros - essa minoria - usurpadamente gozados.

Um total desperdício de energia alimentando a moral e a aceitação desses vermes que posam de superiores, e assim tem vivido, por conta da legitimação produzida pela curiosidade e admiração embasbacada e solícita de "vantagens inatingíveis" dentro do sistema espetacular que coloniza a vida cotidiana semeando a passividade bovina e as projeções de desejos impossibilitados pelo fosso estrutural e pela sedução paralisante de uma vida reduzida ao massacre cotidiano embelezado pelo acesso e consumo de mercadorias.

Espelhados por seu líder espalhafatoso que incentiva a sua claque - um "povo" que é apenas abstração algarítmica - a ir manifestar-se contra os outros poderes da República, seja andando a cavalo ou de

---

3   Isto é, trabalhar para pagar as contas, sustentar suas famílias e cumprir as expectativas sociais de uma escravidão cômoda e confortável dividida no crédito à morte.

jet-ski propondo a fazer "churrasco" durante o período de crescimento da curva de contaminação pelo vírus ou mesmo conclamando os seus a "invadirem hospitais" incorrendo em sérios riscos de contaminação ao trazer sérios problemas para os profissionais de saúde e os familiares, tal massa acerebrada comemora cada ação absurda como uma conquista conservadora que desfila virulência contra avanços democráticos humanizados.

Bolsonaro instiga os seus cúmplices e acólitos a fustigar a ciência bramindo versículos bíblicos, fazendo o execrável "gesto da arminha" e apitando seu apito de cachorro[4] para atiçar sua milícia mais sangrenta e brutal.

Enfermeiros, médicos, familiares, pesquisadores, jornalistas, professores, artistas, chargistas – todos já foram agredidos, perseguidos e hostilizados pelos gado bolsonarista, convicto e criminoso, abrigado pelos favoritismos do ditador. Atualmente tem gente sendo perseguida e processada por setores de dentro do próprio governo.[5] É como eles atualizaram a censura.

Num país em que a polícia não pára de matar jovens negros e marginalizados pelo sistema capitalista – e que esfrega na cara destes mesmos jovens todas as promessas edênicas do consumismo –, no qual mulheres são violadas e abusadas a cada minuto e cujo poder executivo e legislativo toleram e fazem vista grossa a um movimento fantasiado de Kux-kux-klan atirar fogos de artifício em direção ao prédio do Supremo Tribunal... em que se normaliza a negação da pandemia e onde pais e familiares são agredidos por defenderem os protestos em favor de respostas às vítimas da doença e da brutalidade policial-miliciana cotidiana...

---

4   Seja no campo do discurso, seja em pequenas ações "inofensivas" como o episódio do copo de leite em uma *Live*, sinalizando para grupos de extrema direita.
5   O episódio da "charge continuada" do Aroera demonstra isso claramente.

Num país em que manifestantes que se mostram favoráveis à ditadura é protegido pelas forças da lei enquanto manifestantes antifascistas e democratas são tratados como... terroristas... de onde pode se tirar a única sombra de esperança?

O "mito", esse tal líder admirado por tais grupos sanguinários, conservadores, saudosos fetichistas da ditadura, chegou a falar que sua única especialidade era "matar". Uma das poucas vezes em que seu discurso não se camufla em nenhuma mentira em vista de eleição.

E, meus amigos, ele está cumprindo à risca a única função para a qual se acha apto. Como disse, se não aperta o gatilho ele mesmo, tal função encontrará seus delegados... enquanto que o vírus, um dos seus maiores aliados, continua o trabalho ao seu lado.

Das intenções da peça e qual é a graça da Piada Mortal

Se a intenção inicial foi pensar uma peça, um escrito em estilo teatral, sobre o que aconteceu e acontece recentemente no Brasil, a peça pode permanecer literatura e ser lida como texto literário teatral, uma vez que sua montagem poderia ser redundante em comparação com a própria vida real contemporânea da qual é - apesar de suas distorções estilísticas - o mais perfeito decalque.

Esta versão adaptada - a partir dos novos constructos (ou destructos?) possibilitados pelo presente que ainda não estavam disponíveis no período de sua escrita (entre dez-2018-jan-2019) -

teve alguns momentos retirados ou reescritos devido à atual independência em relação ao seu projeto original: a peça compunha um momento de uma coleção de sete livros que foram lançados num mesmo volume com o título de "*A Arte da Subversão*"[6] e que irão compor, num futuro próximo, livros de bolso que se auto-referenciam mutuamente.

Foi necessário, no entanto, singularizar essa obra com algumas modificações para que ela pudesse ser inteligivelmente lida sem se reportar a nenhuma outra obra senão a própria realidade histórica a qual emula com escarcéu.

Apesar da referência aqui feita no título do prefácio a um clássico das HQ, aqui já não restam heróis - de alguma forma a realidade foi surrupiada pela narrativa agourenta dos vilões e "justiceiros". São eles que se refestelam no banquete de crimes que seria uma versão *fakeada* por um Marquês de Sade anti-iluminista regrado por uma heteronormatividade afetada, cheia de zonas de sombras, em um debate pseudo-filósofico que não passa de uma conspiração da dominação das mentes e corpos, do genocídio cultural e memorialista, seguido de um plano de ocultamento de cadáveres estreitamente ligado à banalização do ato de matar e ao estreitamento das consciências.

E nesse banquete anti-platônico as últimas instâncias da República estariam sendo devoradas e acidamente regurgitadas.

Tal piada mortal não pode ser deposta sem também o piadista - e seu núcleo e demais apoiadores - perder o estatuto e a legitimidade de continuar lucrando e estendendo seu poder e influência com o caos, a morte e a desesperança de cada um dos seres que ainda vivem neste planeta.

---

6   *A Arte da Subversão – Poesia, Manifestos*, de Ikaro MaxX, pode ser encontrado na Amazon neste link: https://www.amazon.com.br/Subvers%C3%A3o-Cole%C3%A7%C3%A3o-pelas-Palavras-Livro-ebook/dp/B07SH9JBVV

E por fim, deixamos também patente a impossibilidade de qualquer obra dar conta cabalmente do bolsonarismo enquanto fenômeno cultural, político e social. Não pela "complexidade teórica" – suas "teses", quando as há, são as falácias hipnagógicas vomitadas por seus ideólogos conservadores e neoliberais -, mas sim por sua grotesta e distópica atualização contínua.

Atualização que se autopropaga no que, com a liberdade de imagem – porém, fazendo uma sátira conceitual – acabo por chamar de *trotskysmo ás avessas* no que diz respeito a necessidade permanente (a comparação é uma inversão da teoria da "revolução permanente" de Trotsky) de intrigas, complôs e outras barbaridades mobilizadas no cotidiano bolsonarista e a partir do qual, todos os dias, somos obrigados a digerir alguma última novidade desta escola de massacre, farsa e destruição do cotidiano.

Aja estômago para uma realidade tão assustadora e indigerível, porque pulmões... ah, os pulmões... estão em perigo real. Um país inteiro – o mundo, aliás - está sem conseguir respirar... não apenas por conta do vírus e pelo uso obrigatório das máscaras.

Mas, também sob o vigilante coturno sujo de uma máfia miliciana de inspiração "divina" e de especuladores toscos e pegajosos, armados em todos os aspectos, que já se apropriam da vida, do tempo e querem impor agora – à todo custo - sua censura, sua usura e sua "lei" em forma de sobrevivência brutalizadora.

IkaRo MaxX
em tempos de pandemia de Covida-19
São Paulo - SP

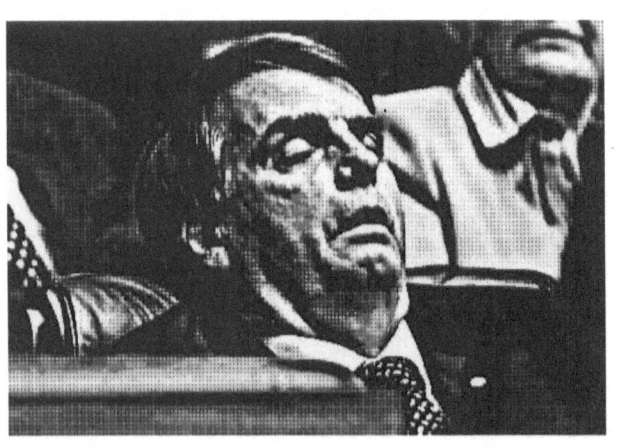

BozzonarUbu

Sátira distópica hiper-realista em 5 atos e 1/2

(ou uma *ópera-meme* para tempos mui confusos e obscuros)

LISTA DE PERSONAGENS

(Cair Merdias) BozzonarUbu
Maria do Romário
Michellete BozzonarUbu
Juiz Brejo Morro
Mensageiro Lourris
Karlos Markus BozzonarUbu
General Armilton Mourrão,
Pablo Guedes
Motorista e Assessor Fabiano Beiroz
Presidente-Rei Temerous
Líder do Cu-Gresso Rodrigo Paia
General Augusleno
Desonesto Araújo
Rônyx
Daemeres
Pastor Cilada Malacraia
Financistas
Baba-ovos
Dois Assessores
Marketeiro
MSN Messenger
WhatsApp
Telegram
ICQ
Eduardo BozzonarUbu
Apresentador
Frávio BozzonarUbu
Acionistas
Empresários das Armas
Generais das Forças Cagadas
Bispo Emir Maledo
Homem
Apresentador de TV
Outro Apresentador
Repórter
Produtor
Seguranças
Médico
Bots
Capangas
TV
Articulista

Personagens que não aparecem (citados ou referendados em pontos da história):

Revolucionário Tchê-Quévara
Coronel Carlos Dalberto Ofuscante Ostra
Ex-Presidente Aluísio Polvo da Silva
Kilma Roucéfalo
Pabblo Evittar
Presidente Tramp dos EUA
Parrela
Estrategista Cânon
Filósofo-Guru Orvalho de Caralho
Jean KYLys
Barcella Temerous
Anselmo Fróes
Orgióría
Lázaro Bamos
Killary Clinton
Candidato Biro Gomes
Candidato Alquemino
Candidato Bolo
Candidata Narima
Candidato Neirelles
Candidato Avaro
Candidato Cabo Cagliostro
Presidente Connor
Wal
Alexandre Broca
Candidato Caggad
Rogério Águas
Fauno Freire
ex-ministro Antonio Paloff
Josué Birceu
Veduro
Kiko
Dep. Lindobergue Faria
Adriano (Miliciano)
Sinistro Marcus Passagens (astronauta)
Almirante-de-esquadra Cento Costa Limão Azedo
Deputada (assassinada) Maria Hellen
Sinistro Zelézo

PRÉ-ATO:

BozzonarUbu

(vestido de General, usa uma máscara de proteção higiênica - usando a faixa presidencial)

Entra vagarosamente do fundo do palco até o meio. Solta um longo e imenso peido. Abaixa desajeitadamente a máscara para falar:

BozzonarUbu:

Calmaê, gente. Calmaê. Vamos lidar com essa cuestão aê, talquêi? *(faz o gesto da arminha)* Tô com um probleminha intestinal, então, normalmente vocês vão sentir um cheiro de peido quando entrar em cena. Rá! É melhor *Cairseacostumando*, talquêi? Não conseguem respirar? Baixa a máscara, porra. Tão com medo de uma gripezinha?

(caminhando vagarosamente pelo palco, orgulhosamente dominando o espaço)

Vim aqui lhes dizer que essa é a minha peça. Minha e só minha! Só eu que brilho aqui, talquêi? Tem isso aê de esquerdismo aqui não! Gayzismo, feminismo, direitos humanos, ideologia de gênero, coitadismo indígena, quilombola - toda essa porcaria de lixo comunista tá fora, talquêi? A história aqui é de arrepiar. O pau vai comer. Quem não gostar, vai pro paredão. A parada é séria, tem zoeira não! Quem rir vai visitar os porões do saudoso DOPS.

Ahhh, ali sim que era maravilha. Tempo bom, tempo de ouro da pornochanchada, dos cigarros dentro de departamento público, dos assobios para mulheres no trabalho e nas ruas. Do futebol de fim de semana. Aquelas coisas sim que eram boas. E quantos churrascos fazíamos e ainda fazemos!

Qual foi o homem que mais contribuiu para o Plazil em sua história? Tem essa de Tchê-Quévara não, ô quilombola! Ô aidético. Nem de Zumbi ou o escambau. Esses vermelhos têm que vazar, tá entendendo? Vão pra praia tomar Itubaína! E se for defender essa cambada de vagabundo vou dizer a todo mundo que você mama na mamadeira de piroca. Éééé. Na mamadeira de madeira! Tão achando que tão onde? Em Cubra? Na Benezuera? Vocês vão ver (*faz careta pro público como se tivesse 5 anos de idade*). Vão ver só.

(*começa a sair de palco, enquanto sai projeta a voz*)

É o que tô dizendo, vocês não perdem por esperar. Nada me pega, porra! Ataquezinho... "Coronavirus"! Tenho físico de atleta!

Ficaram zombando de mim em 2013. Aquele Jean KYlys, gayzista esquerdopata. Maldito viadinho que cuspiu em mim. Vaza! Vai lá pro teu BBBosta! Cai fora do país, senão tua família morrer! Tá liberada a caça a viado!

Aiii... BozzonarUbu isso, BozzonarUbu aquilo. Rá. Quero ver só como vão lidar com o que vai acontecer nessa estória, talquêi?

Acabou, porra!

(começando a esboçar sinais de partida)

Por enquanto é melhor eu sair de fininho antes que algum ministro venha tentar me abraçar e disparar minha caganeira...

(sai cantarolando alguma canção militar com ritmo de sertanejo universitário)

* fim do Pré-Ato *

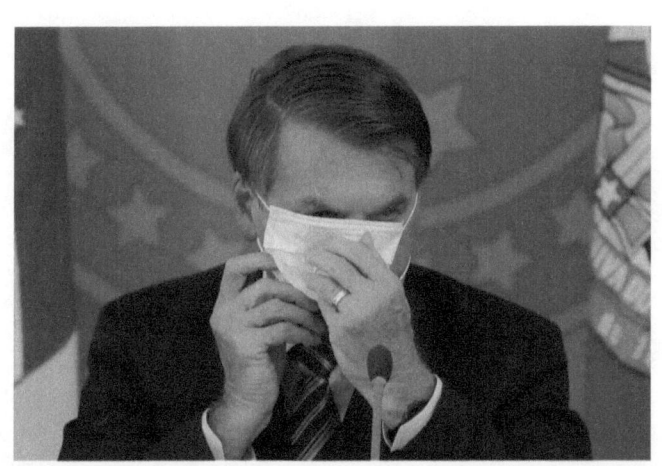

1º ATO:

CENA 1

Cair Merdias BozzonarUbu, Maria do Romário

(Em um gabinete, com cadeiras, mesas e a bandeira do Plazil por trás de um birô, cartaz do AI-5 perto de bonecos do Tony Montana)

C. M. BozzonarUbu:
Só não te estupro porque você não merece!

Maria do Romário:
Mas, o que é isso, Deputado BozzonarUbu? Você é um grosso! Seu animal!

BozzonarUbu:
Ainda te mato na porrada, sua vagabunda!

Maria do Romário:

Masóquéisso? Seu estuprador, não é a mim que deves matar, mas a outra pessoa: a ti mesmo! Seu cão verminoso!

BozzonarUbu:

Juro por essa cuestão que não estou entendendo! (*falando para si mesmo:* Como se eu entendesse d'alguma coisa, talquêi?)

M. do Romário:

Rá, vai me dizer agora que o senhor se considera um homem realizado? Sabichão!

BozzonarUbu:

Pelo micropênis do Zero Três, só porque você não merece, claro que me considero. Ou pelo menos, poderia me considerar: Tenho histórico do qual me orgulhar. Servi nos grupos de artilharia de campanha e paraquedismo do Merdército. Ingressei na reserva em 1988 no posto de capitão, fui eleito vereador pelo Partido Democrata KKKristão, depois fui o candidato mais votado a deputado federal sendo reeleito seis vezes – repito... seis... SEIS VEZES - passando 27 anos na Câmara para ter dois projetos aprovados. Soneguei e sonegaria tudo de novo. Recebi propina, sim! Quer mais o quê? Seria besta de não aceitar?

M. do Romário:

(enquanto fala tira lentamente a máscara de M. do Romário revelando ser na verdade Michellete BozzonarUbu)

O quê?! Depois de teres sido deputado federal por 27 anos te dá agora por satisfeito em ficar unicamente xingando a oposição do palanque, fazendo bravata e falando mal de minorias? É isso mesmo? Quanta modéstia, Jesus...

BozzonarUbu:

Não sei aonde pretende chegar, mulher. Deus só pode ter tirado essa criatura da costela de Adão pra "tentar" mesmo.

Michellete:

Como você é burro! E cego! E surdo! E mil vezes paspalho. Em que língua tenho que tentar me comunicar com você, afinal?

BozzonarUbu:

Pelo Pablo Guedes, Michellete, o Presidente-Rei Temerous já está aí desde o golpe, morto-vivinho da silva! O quer mais? O cara é mais reaça e conservador do que qualquer jeca, só que com palavras mais eruditas. E mesmo que morra ainda tem o Rodrigo Paia e uma legião por trás a vir...

Michellete:

E o que te impede de *"meter bala nissaí"* e usurpar o trono? Covardia, né? Sempre foi um covardão por trás dessa casca de macho...

BozzonarUbu:

Peraê. Escuta aqui, Michellete: mais um insulto desse aí e te meto uma sova, talquêi. Me respeita, porra.

Michellete:

Infeliz, se tu me mete uma sova, quem é que vai trocar essa tua fralda cheia de cocô?

BozzonarUbu:

Iiih, rapaz, é mesmo! Ela tem razão no tocante a essa cuestão aí, quem diria... Mas, e daí? Minha bunda não é melhor que a dos outros... Quer dizer, a menos que sejam pobres, nordestinos, gayzistas, mulheres, nordestinos, betistas... Essa raça aí degenerada.

Michellete:

Pois se essa bunda fosse minha, trataria era de arquitetar um jeito de sentá-la na cadeira principal do Planalto Central. E morar no Palácio da Alvorada! (*caminha pela cena*) Poderia aumentar ainda mais infinitamente nosso patrimônio, comer linguiça com farinha e requeijão quando desse na telha e passear de tanque pelas ruas. Não era você que queria fazer um Parque Turístico Auschwitz-Primeiro de abril de Meia-Quatro com um Pula-Pula-da-Tortura?

BozzonarUbu:

(*com os olhinhos brilhando*)

Que emoção! E fazer contínuos sacrifícios e homenagens práticas ao coronel Carlos Dalberto Ofuscante Ostra. E umas fontes banhadas a sangue de comunistas! Meu sonho!

Michellete:

Poderia até mandar fazer um monte de mamadeira de piroca e imprimir toneladas de Kit Gay para queimar em praça pública.

BozzonarUbu:

Entrego os pontos, não resisto à tentação! Ah, aquele velhaco de merda, *tem um barbudo no meio do caminho, no meio do caminho tem um,* ... como é mesmo aquele poeminha do Presidente-Rei Temerous? Ah, de toda forma odeio arte, poesia: é coisa de vagabundo gayzista mamando na Lei Uauney! Se eu conseguisse pegá-lo de vez, impedir que ele entrasse no pleito...

Michellete:

Isso sim, BozzonarUbu, agora fala como um "homão da porra"!

BozzonarUbu:

Não, mas será? Eu, capitão de reserva, do baixo clero do Cu-gresso sendo o próximo Presidente-Rei do Plazil? Será que não há outro jeito?

Michellete:
(à parte - *em gesto de libras*)
Mas, que Merda (*opa! kkkk*)

Desse jeito vai continuar miserável que nem Sinistro do STF sem reajuste salarial!

BozzonarUbu:
Pela bota manchada de sangue do Ostra, prefiro ser um Sinistro do Merdército, bem ali com minha verba pra "comer gente" do que um Sinistro do STF sem reajuste salarial. Isso não! De toda forma, não entendo nada de Direito mesmo: só sei que *"Direitos Humanos é esterco da vagabundagem"*. Não lembro com qual torturador aprendi isso, mas aprendi. Ou será que foi um miliciano? Só sei matar, porra.

Michellete:
Baita aluno! E a mamadeira de piroca, BozzonarUbu? E o kit gay? E o tanque na rua?

BozzonarUbu:
Ora, não me enche, mulher. Tem que ver direito essa cuestão aí.

(*Sai batendo a porta*)

Michellete:
(*começa a fazer indecifráveis gestos em libras. Aborrece-se e sai de cena*)

CENA 2

C.M. BozzonarUbu, Michellete, Juiz Brejo Morro

(sentados a uma mesa, começam a limpar a boca com guardanapos de seda, recém-terminando um lauto jantar, houvera uma discussão a respeito do lançamento do nome de BozzonarUbu a Presidente-Rei)

BozzonarUbu:
E então juiz, comeu?

Juiz Brejo Morro:
Sim, bem, menos a mortadela.

BozzonarUbu:
É, bem... essa mortadela aí é sempre um problema, concordo.

Juiz B. Morro:

De toda forma, isso não se discute. Que nem a origem divina da divisão entre ricos e pobres. Na Ordem de Deus não se mexe, nem se questiona.

BozzonarUbu:

Juiz Morro, estou disposto a fazê-lo Sinistro da Injustiça.

Juiz B. Morro:

Mas, como? Julgava que o senhor estivesse implicado na... *Laja Vato*, BozzonarUbu, mas se for o caso, daremos o famoso jeitinho. (*quebra da quarta parede*: eu tinha dito que nunca entraria pra política, mas... - *pisca o olho pra platéia* - se eu não aceitar esse convite estarei desagradando nossa amada República, não?)

BozzonarUbu:

Modéstia a parte, Juiz, em alguns meses vou ser eleito e acabar com tudo issaí, talquêi?

Juiz B. Morro:

Vais vencer o Polvo?

BozzonarUbu:

Até que esse juiz é esperto, adivinhou.

Juiz B. Morro:

Se se trata de impossibilitar o Polvo de concorrer ao pleito, pode contar comigo. É o único jeito e ele tem inserção nas camadas populares: é preciso envenenar o poço. Sou seu inimigo mortal e vou ganhar fama internacional por colocá-lo atrás das grades. E virar super-herói nacional: até a capa já tenho. E rimo muito mal, por sinal!

BozzzonarUbu:

(jogando-se sobre ele para abraçá-lo)

Chupa o meu p... pirulito... ahah. Ah, como gosto de você, Morro! Opa, sem viadagem, talquêi? Homem não abraça, porra. Até esqueço aquele vácuo que você me deu no aeroporto...

Juiz B. Morro:

Não, BozzonarUbu, você fede demais. (*Olha pro público - quebra da quarta parede:* Estarei antecipando aqui a bolsa de...?) Nossa mãe! Nunca toma banho? Que vácuo? Em que aeroporto?

BozzonarUbu:

Raramente. Esse fedor deve ser um vazamento de gás na casa. Ah, deixa pra lá, Juiz...

Michellete:

(fazendo linguagem de sinais)

Para dizer a verdade, só de perfume de pólvora.

BozzonarUbu:

Te dou uma sova, entendeu?

Michellete:

(fazendo linguagem de sinais)

Óóóó

BozzonarUbu:

Bem, Juiz Morro, estamos acertados, (*imitando a voz do Polvo*) camarada. Opa! Isso não. (*olha todo desconcertado para a plateia*). Pode ir. Juro pelo micropênis do Zero Três, pela Michellete, pelo Ostra, meu herói! que farei de você Sinistro da Injustiça do Plazil. Assim quer a divindade.

Michellete:

(faz gestos de linguagem de sinais)

BozzonarUbu:
Fecha essa matraca e como seu brócolis! Opa...

(saem)

CENA 3

BozzonarUbu, Mensageiro Lourris

(gabinete de BozzonarUbu, ornamentado com bonequinhos G.I. Joe, cartazes de ditadores, pôsteres do AI-5, objetos de tortura, foto sensual do Orvalho de Caralho rasgando um exemplar do Manifesto do Partido Comunista)

BozzonarUbu:

Mas o que deseja o senhor, ô viadinho? Vá embora e não me chateie, pulga. (*Olha melhor espremendo os olhos e reconhece o mensageiro*). Oh, é o Lourris, pois entre e diga-me: o que há?

Mensageiro Lourris:
(*olhar desconfortável*)
Senhor, o Presidente-Rei manda chamá-lo. Pede também que não se demore. Com licença.

(sai)

BozzonarUbu:

Mas, que cacete! Vaitomanocu, pelo micropênis do Zero Três, será que fui citado de novo em algum novo escândalo? Maaaaaas, isso não vai dar em nada. Devo pedir antes a pizza? De toda forma, o Temerous tem a prerrogativa de ter dado o golpe naquela vadia da Kilma. Vamos lá. Embora sempre que me chamam eu sinta a merda descendo.

(sai e segue o mensageiro)

CENA 4

BozzonarUbu, Presidente-Rei Temerous, Líder do Cu-gresso
Rodrigo Paia, Juiz Brejo Morro, (+ Figuração Política)

(palácio do Planalto)

(Os políticos conversam entre si distraidamente, no canto do palco, vagarosamente, como que se certificando de cada passo, entra BozzonarUbu)

BozzonarUbu:

(antes de entrar em cena ele olha o cenário e como que comenta para si mesmo)
Quer dizer que é daqui que vou dar os comandos, hein? Tô gostando... - mas, vou logo trocar essas cadeiras vermelhas - Nossas cadeiras jamais serão vermelhas!

(entrando em cena falando alto)

Esse dinheiro eu devolvi ao meu partido, ééé... você já sabe. Não tenho nada com isso. Pode averiguar isso aí.

Presidente-Rei Temerous:
Que há contigo, Cair BozzonarUbu? Relaxa, homem.

Juiz Brejo Morro:
Cristianismo demais.

(todos se benzem, menos Temerous)

Presidente-Rei Temerous:
(com voz demoníaca)
Alguém poderia me arranjar uma... *cof cof...* pastilha?

(um dos outros políticos da figuração corre e lhe entrega algo em mãos. Ele toma com um copo d'água que outro figurante entrega)

BozzonarUbu, quero te apoiar para ocupar o espaço que por ora ocupo e afinar algumas diretivas políticas contigo para que tenhamos uma transição bastante eficiente e pacífica.

BozzonarUbu:
Presidente-Rei, nem sei como te agradecer.

Presidente-Rei Temerous:
Não tem que agradecer, BozzonarUbu, mas como você sabe meu partido é uma bancada de negócios e fisiologismo bruto. E tem coisas que devem continuar como estão.

(todos riem malignamente - algum dos outros personagens secundários falam, abafado entre tosses: "como se alguma coisa fosse mudar de fato!"*)*

Preciso que venha aqui em dois dias para me informar como pretende manter esses sinistérios... (*chega e fala no ouvido de BozzonarUbu:* tiremos os vermelhos daqui!)

BozzonarUbu:

Cá estarei, mas aceite, por favor, esta flautinha de presente. Comprei a caminho do Palácio.

(*Mostra ao Presidente-Rei uma flauta*)

Presidente-Rei Temerous:
Que vou fazer com uma flauta?

BozzonarUbu:

Sei lá... enfia essa merda no cu. (*gargalha*) Mas, ouvi dizer que é bom tocar para escrever poesia. Vossa Satancência ainda escreve uns versinhos, náo?

Dep. Rodrigo Paia:
(*irritado*)
Esse BozzonarUbu é um boboca.

Presidente-Rei Temerous:
É, ainda insisto nessa baboseira de vez em quando... faz-me parecer mais culto. E funcionou com a Barcella. Ela adora! Ela me chama de "O Poeta".

BozzonarUbu:

Se servir para ficar de pau duro... E agora me arranco... (*tropeça e cai - dá um grito*)

Socorro!

(*quebra da quarta parede:* Calma, gente, ainda não é o episódio que vocês estão pensando!) Acho que rompi o intestino... ou será síndrome de *drown*?

Temerous:
(*levantando-o*)
Está doente, BozzonarUbu?

BozzonarUbu:
(*voz baixa, segredando algo*)
Estou com um problema... suspeitas de (*cochicho*) ... vou (*cochicho*)

(*mais alto*:)
Merdra, que vai ser de Michellete, aquela indefesa mulher recatada e do lar sem mim?

Dep. Rodrigo Paia:
Vai encontrar outro velhote rico para cuidar, ali não é besta. Se é que já...

Temerous:
(*dando tapinhas nas costas de BozzonarUbu*)
Ora, ora, não se preocupe com ela. Daremos um jeito. Não sabeis, pois?

BozzonarUbu:
A bondade em pessoa, satâníssico Temerous.

(*todos saem, exceto BozzonarUbu*)

Nem por isso quer dizer que você está livre...

CENA 5

BozzonarUbu, Capitão Morrão, Juiz Brejo Morro, Karlos Markus
BozzonarUbu, General Armilton Mourrão, Pablo Guedes, Assessor e
Motorista Fabiano Beiroz, General Augusleno, Rônyx,
Daemeres, Desonesto Araújo, Financistas

(reunião de cúpula em gabinete de BozzonarUbu)

BozzonarUbu:
Correligionários, já é tempo de unirmos nossas forças para acabar
com tudo isso aí, talquêi? Coalização de forças armadas ocultas e
superficiais. Betismo, comunismo, ditadura gayzista, esquerdopatas,
direitos humanos, bandidagem, mamata, foro privilegiado. Cada um
deve dar sua opinião. Mas, se for diferente da minha vai levar bala,
talquêi? Ahah. Tem comunismo aqui não. Começa comigo, aqui ó.

Juiz B. Morro:
Fale, BozzonarUbu.

BozzonarUbu:

Pois bem, colegas, sou da opinião de que a gente deve articular com os Generais Mourrão e Augusleno de pegarmos os tanques que os EUA deram pra gente e irmos na rua que nem em 64! A ameaça gayzista rosa choque-vermelha tá aí. Maldito Pabblo Evittar. A família tradicional brasileira já não aguenta tamanha opressão e falta de liberdade, nem a ostentação dessas suvacudas e desses mamadores de toras de negão (*faz gesto com a mão indicando um tamanho avantajado*). O homem branco e a família tradicional encontram-se seriamente ameaçados e precisam voltar ao centro diretivo da nação. Vamos mudar essa narrativa aê. Precisamos pôr ordem na casa, inculcar a obediência e respeito à autoridade e hierarquia. Não a essa cambada de vagabundos. Essa mamata tem que acabar, talquêi? Tem que meter bala nissaê.

TODOS:
(confusos, alguns ovacionando)
ÉÉÉÉ... calma aí, Capitão, calma aí. Tem que pensar direito isso. Não é assim como antigamente...

(alguém no meio solta)
São outros tempos, né?

BozzonarUbu:

Ué, não gostaram! Então que opine o Juiz Morro, talquêi.

Juiz B. Morro:

É... quen... Na minha opinião... é..., devemos manter o STF no bolso a partir de uma articulação de já por meio do Presidente-Rei Temerous para éé... aumentarmos os salários deles e enquanto isso eu vou pegar o Polvo na primeira instância durante as investigações da Laja Vato e impossibilitá-lo do pleito com um mandado de prisão preventiva. Quen. Com ele fora, pimba, você pode sair como o favorito da população e "vencer" por meios democráticos. Se rolar aquele Sinistério...

TODOS:
Muito bem! Isso é agir com sabedoria, Morro. Herói!

BozzonarUbu:
Calmaí, calmaí. Mas, e se o barbudo lá indicar um bom nome? Será que ainda assim terei chance? Aquele analfabeto, um puta de um manipulador! Se ele apontar o candidato dele e jogar a merda no ventilador, pode ser que ele tenha chance...

Karlos Markus BozzonarUbu:
O ego do filho da puta é grande demais, ele vai ficar encampando na certeza de que sairá candidato e esse tempo vai comer a oportunidade do público vir a se acostumar com a próxima candidatura. O covarde quer bancar o herói até o último momento. "Mártir" uma ova! Vai ser o tiro no pé dele, pai.

General Mourrão:
É você o que tem o micropênis?

Karlos Markus:
Não. É o outro, o Zero Três. Eu sou o Zero Dois. Mas por que peito pequeno é perfeito e pode e pênis pequeno é zoeira? Não eram direitos iguais? Pode isso, Arnaldo?

BozzonarUbu:
Calma aí, filho. Vamos voltar ao ponto. Ao golpe. Ao esquema. Sei lá. Estou começando a gostar do plano, embora prefira o método raiz de macho, não essa coisa de mariquinha de usar o Estado de Direito. Constituição, pô? Tão de palhaçada comigo? Coisa de esquerdista. Ai, se Ostra tivesse aqui, ele me apoiaria nisso. Grande herói do Plazil.

Juiz B. Morro:

Temos que jogar de todos os lados, principalmente por baixo dos panos. Éé... E fingir que estamos sós, sem precisarmos da estrutura, quando na realidade – por baixo das saias da República - estamos colocando a estrutura na engrenagem certa, que é pesando em cima desses fodidos. Como fazemos lá na *República de Cool-ritiba*.

BozzonarUbu:

Está bem. Mas tem o problema da imprensa também. Essa maldita imprensa vermelha... a *Bolha*, o *Estacão*, a *Rede Bobo* etc. Comunistas filhos-de-parideira! E esses jornais internacionais que o BT comprou.

Karlos Markus:

Mas, podemos usar nossas mídias sociais, pai. Não é problema. É até mais moderno! Não precisamos dessa merda de imprensa lixo, esse estrume de socialista. Vamos desmentir essa corja toda utilizando nossos meios de produção digital. Vamos produzir nossa "verdade" midiática. O que não falta é gado que replica tudo o que dissermos como sendo verdadeiro sem questionamento ou levantamento de fontes! Podemos articular tudo isso também no plano da *Escola sem Evolução*.

Juiz B. Morro:

Quen... Posso usar a minha mulher para pedir para o pessoal acalmar os ânimos. Ela é boa nisso. A senhorita BozzonarUbu também.

BozzonarUbu:

Estou começando a achar que podemos pedir apoio externo, como o do presidente Tramp dos EUA. Já imaginou, hein? Hein? Tem aquele Marketeiro dele, poderíamos contatá-lo...

(todos começam a sair de cena devagar)

Acabei esquecendo. Temos que fazer nosso juramento à bandeira Americana!

(voltam ao centro do palco)

Karlos Markus:
Como íamos esquecer disso, papai? Detalhe mais que importante.

(é hasteada uma bandeira americana com a suástica no meio – todos vestem capuzes brancos da Kux-Kux-Klan)

TODOS:
(cantando sob o instrumental do Star Splanged Banner)

AMERICA ÜBER ALLES! MAKE AMERICA GREAT AGAIN!

* Fm do 1º ATO *

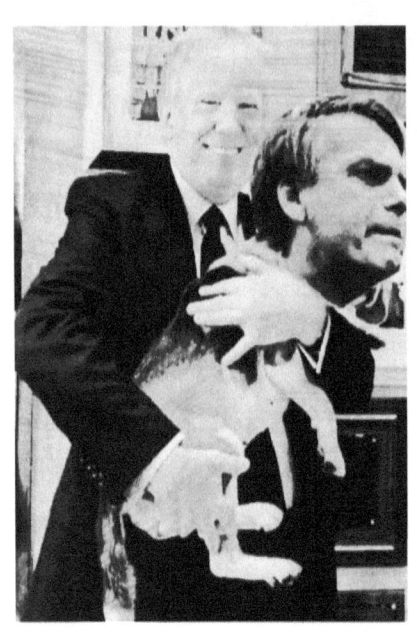

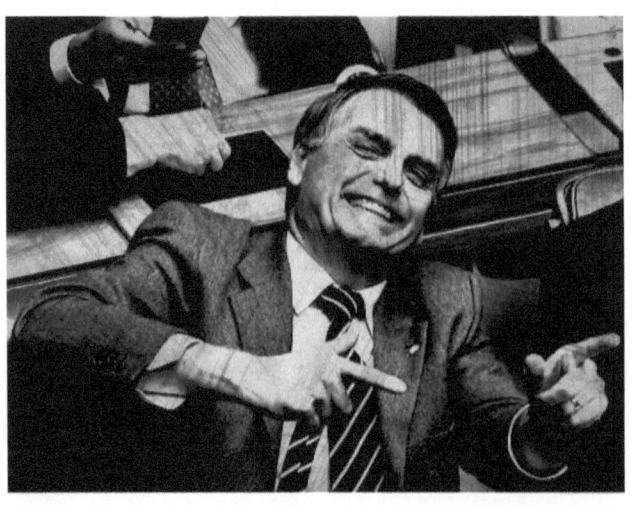

2º ATO:

CENA 1

Televisão e tecnologias

(*A TV no meio do palco passa notícias sobre o mandado de prisão ao ex-presidente Aluísio Polvo da Silva. Ele encontra-se a dois dias nas dependências da Central Túnica dos Lavradores.*)

Voz do repórter (em off):
Acaba de ser preso na tarde de hoje o ex-presidente e líder sindical Ex-Presidente Aluísio Polvo da Silva acusado por aceitar propina e esconder bens em troca de licitações e favores políticos. Ele acaba de sair da Central Túnica dos Lavradores em meio a uma massa que não queria que ele se entregasse. Entrou no carro da Polícia Federal depois de arduamente se desvencilhar dos braços da multidão que chora e grita seu nome. Polvo foi condenado durante a Operação Laja Vato e o juiz responsável pela condenação, o Meritíssimo Brejo

Morro, comemora a vitória com sua família em Cool-ritiba, para onde está seguindo agora o ex-Presidente. Ele acena e faz discursos da porta do carro da polícia para seus apoiadores.

CENA 2

BozzonarUbu, Karlos Markus BozzonarUbu, Michellete
BozzonarUbu, Juiz Brejo Morro, Baba-ovos, Pastor Cilada Malacraia

(na residência de Cair BozzonarUbu)

BozzonarUbu:
(fazendo gesto da arminha com as mãos)
AÊÊÊ! Quem é que manda nessa porra toda agora?

Karlos Markus BozzonarUbu, Baba-ovos:
(repetindo o gesto da arminha)
Cair BozzonarUbu!!

BozzonarUbu:
(fazendo gesto da arminha com as mãos)
Quem é que vai ganhar essa porra aê?

Karlos Markus BozzonarUbu, Baba-ovos:

(repetindo o gesto da arminha)
Cair BozzonarUbu!!

Pastor Cilada Malacraia:

Cair BozzonarUru, o "Merdias". Você foi escolhido por Deu$ Ele mesmo para limpar o Brasil do perigo ateu do Comunismo! Glória a Deu$ todo-poderoso! Viva a Cair BozzonarUbu!

Michellete:

(tentando conter um pouco os ânimos, fazendo sinais em Libras)
Meu amor, foi uma vitória e tanto! Mas, calma, não confunda a prisão com o resultado: a eleição ainda nem chegou… nem sabemos o que vai acontecer do outro lado. No entanto...

Juiz B. Morro:

Não custa lembrar disso. É sensato. Embora seja mulher, Michellete tem razão.

Michellete:

(sorrindo de forma zombeteira e forçada – também articulando em Libras)
Agradeço o elogio, Juiz Morro.

Karlos Markus:BozzonarUbu:

Papi, papi, posso xingar os betralhas no Tuíter?

BozzonarUbu:

Não só pode como deve, filho! #ChupaBetralhas #PolvoPreso #NordestinoAnalfabetoeLadrão chama nas tags ae, talquêi? Haha!

Karlos Markus: BozzonarUbu:

(com o celular na mão, digitando e lendo o que digita ao mesmo tempo)
"Onde é que está o líder vermelho de vocês mesmo? Ah, na sua nova casa a prisão. Vai apodrecer lá. #PolvoPreso #Poladrão #Bandido

#Corrupto #Vagabundo #ComunistaSujo #ComedordeCriancinhas #Perdeuodedonocu #ChupaBetralhas #ByebyeComunismo #NordestinoAbalfabetoeLadrão"

Ah, como amo o Tuíter!

BozzonarUbu:
Tudo isso por conta de nosso amigo aqui, o Morro! O Herói do Plazil! Que serviço à pátriOstra! Viva!!

TODOS:
VIVAAA!

Juiz B. Morro:
Mas que dia maravilhoso, hein! Será que alguém tá fazendo alguma festinha? Será que o Orgióra tá de rolê?

BozzonarUbu:
(*aproximando-se cautelosamente de Morro*)
Não fala isso na frente da Michellete, Morro. Discrição… discrição… que nem com o dinheiro do auxílio-moradia…

Juiz B. Morro:
(*tossindo e afetando postura séria*)
Ahhh. Sim, interessante. Quis dizer, claro, para discutirmos aquelas propostas de emendas para o judiciário e o executivo pablistanos, é claro.

Karlos Markus BozzonarUbu:
Papi, papi, posso ir junto dessa vez? Quero aprender as manhas.

BozzonarUbu:
Pelo micropênis do Zero Três, você pode sim! Vai que acaba gostando…

Pastor Cilada Malacraia:

Também quero ir! Tenho que abençoar o Orgiória para que ele leve a eleição lá também. Deu$ também o escolheu!

BozzonarUbu:

Deu$ é muito rico e ama quem tem dinheiro. Pode financiar as duas campanhas. Haha.

Michellete:

(*retirando-se de cena com sorriso malicioso, fazendo gestos em Libras*)

Bem, vou deixar vocês comemorarem. Vou ligar para a manicure lá no quarto. Preciso fazer minhas unhas... (*em voz baixa e sem gestos - quebrando a quarta parede*: é minha chance de dar uma escapadinha com um velho amigo... - *faz gesto de pedido de silêncio, pisca o olho para a plateia*: não digam a ele!)

Baba-Ovos:

E a gente, deputado? E a gente? Podemos ir também?

BozzonarUbu:

Podem sim... podem ir tomar no cu, seus viadinhos! Vão trabalhar, a campanha tem que começar, talquêi? Vocês são os soldados! Procurem algum cabeça-chata bom e barato para a gente começar essa campanha aí. Explorem o canalha, talquêi?

Baba-Ovos:

(*retirando-se de cena, desapontados*)

Aaaaaaah...

Juiz B. Morro:

Vamos ter que tirar no *Arma-Bíblia-Motoserra* para ver no jatinho de quem iremos pra lá. Tudo bem?

BozzonarUbu, Cilada Malacraia:
Tudo bem.

Karlos Markus BozzonarUbu:
Pera… vou ter que mandar no grupo BTCorrupto aqui que estamos indo pra lá. (*digitando e lendo:*) "Parça, a gangue tá chegando pra botar quente na festinha aí, prepara as puta!" Feito. Sou macho, papi! Tomara que o Parrela esteja lá. Vamos lá.

BozzonarUbu:
(*olha para todos*)
Prontos?

Karlos Markus, Pastor Cilada Malacraia, BozzonarUbu, Juiz Morro:
(*todos com as mãos para trás balançando o corpo pra frente*)

Arma - Bíblia - Moto… SERRA!

(*todos colocam as mãos para frente, jogando sinais, Morro e BozzonarUbu empatam e perdem*)

Pastor Cilada Malacraia:
Tá vendo como Deu$ é poderoso! Sabia que dessa vez seria no meu!

BozzonarUbu:
Tá tudo na conta dos fiéis do Pastor Malacraia, hein! Cambada de burros manipulados, talquêi? Vamos lá!

TODOS:
Uh ruuuhhh!

BozzonarUbu:
(para Malacraia)
Cilada, tenho aqui umas azulzinhas que são porrêra! Não fica que
nem a meia-bomba do Orgióia...

(saem todos de cena)

CENA 3

BozzonarUbu, Michellete, Pablo Guedes, Dois Assessores, Marketeiro

(*novamente na casa do BozzonarUbu*)

Michellete:
(*abanando o marido*)
A noite foi boa, amor?

BozzonarUbu:
(*com cara de ressaca*)
Pelo amor dos dólares, foi ótima, mas estou acabado. Reunião bastante produtiva. Discutimos muito, fizemos planos de ação. Vamos expulsar os comunas do país. Temos um forte eleitorado na região de Cão Pablo, você sabe.

Michellete:
(*cinicamente*)
Claro que sei, meu amor. Aliás, você viu como minhas unhas estão per-fei-tas? (*pisca o olho pra platéia*)

BozzonarUbu:
(*sem olhá-las*)
Estão sim, meu amor. Estão sim.

(*entram os Dois Assessores, como gêmeos siameses - fazem todos os gestos e falam ao mesmo tempo, sincronizados como robôs*)

Dois Assessores:
Senhor Deputado BozzonarUbu, o Marketeiro chegou.

BozzonarUbu:
(*pedindo com as mãos que Michellete lhe faça uma massagem nos lóbulos frontais*)
Ah sim, faça-o entrar.

(*entra o Marketeiro*)

Marketeiro:
(*excessivamente polido*)
Bom dia deputado Cair BozzonarUbu, bom dia esposa (*trocam longos olhares sugestivos*), bom dia Pablo Guedes. Bom dia todos!

Pablo Guedes:
Pare de baboseira e vamos logo aos planos.

Marketeiro:

Tive algumas ideias. Vamos fazer uma campanha com o mínimo de gastos e declarações fiscais. Podemos usar as mídias sociais.

Pablo Guedes:

Não nos diga, gênio!

Marketeiro:

Isso. E vendo os Dois Assessores tive uma ideia brilhante! Que tal um monte de idiotas vestindo verde-e-amarelo - camisas da DBF com sua estampa nelas - em fila imitando robôs e dizendo "*Sou o robô do BozzonarUbu*" com voz meio robótica ou algo do tipo "*Comunismo não, B17*", "*BozzoMito*"?

BozzonarUbu:

Caramba! Que legal issaí. Essa dos robôs eu gostei, talquêi? Vai ter muito compartilhamento nissaê, né? Vai ter?

Marketeiro:

Tenho certeza de que vai virar viral assim que for ao ar. O outro lado é tão desatento que vai comer a isca. Podemos fazer uma dancinha do tipo do #ForaKilma também.

BozzonarUbu:

Desde que eu não tenha que dançar... Pois acho extremamente gayzista issaê. Temos que acabar com issaê.

Marketeiro:

O povão é idiota feito o sen... quero dizer, néscio. O povo é néscio, bruto. Vão fazer por estarem putos com o BT. Não precisaremos repassar um real pra ninguém. Aliás, que bela jogada com o Juiz Morro, hein? Eliminou o adversário sem qualquer chance de defesa. Agora é correr para marcar o gol. O BT sequer ainda decidiu o nome que vai entrar no lugar do Polvo. O tempo está contra eles e a favor da gente. Talvez esse seja o menor dos problemas. Ademais, sugiro que o Cânon, que fez a campanha do Tramp, nos dê tutoria. O que acham?

BozzonarUbu:

Mas é claro! Temos já um monte de empresários citados em processos que já estão do nosso lado. Podemos falar dessa possibilidade com eles. Entrarão com o capital.

Marketeiro:

Puta merda, aquela campanha do Tramp foi algo sem precedentes históricos – publicidade pura digital e manipulação de algoritmos com uso de dados colhidos de usuários nas redes sociais. E explorando extremamente bem as tecnologias novas e mídias, sem essa "coisa ideológica", sabe? Ops, assim "é". E de forma direta para o eleitor! Nisso, tem algo que terá um papel essencial no meio de tudo. O grande facilitador, o novo oráculo. Um aplicativo que hoje serve para essa função nobre que é a comunicação entre pessoas de modo mais eficiente e informativa do que a TV e o telefone juntos.

BozzonarUbu:
Hmmmmmm

Pablo Guedes:
Hmmmmm.

Michellete:
(*fazendo Libras*)
Hmmmmmm

Dois Assessores :
(*entrando rapidamente em cena, replicando a fala*)
Hmmmmmmm

TODOS:
Hmmmmmmmmmmmmmmmmmm

Fim do 2º ATO

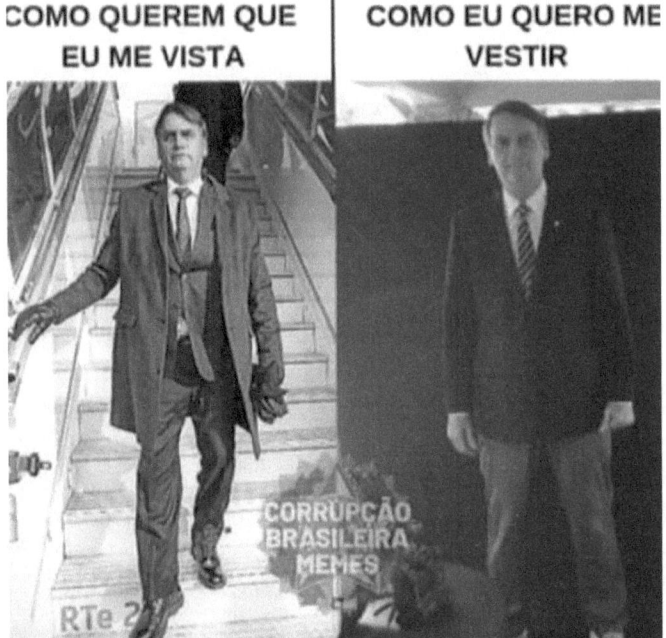

1/2º ATO:

CENA ÚNICA

MSN Messenger, WhatsApp, Telegram, ICQ

(ambiente "sem ambiente", sem espaço e sem tempo, em meio a uma enchente de códigos binários e não-binários)

MSN:
E aí, WhatsApp? *O que manda?*

WhatsApp:
Cara, muita... mas, MUITA COISA mesmo. Um monte de propostas furadas de emprego e *freelas*, pornografia, nudes, campanhas, "reportagens" de sites de fontes duvidosas, *memes*, trolladas. Cara, é difícil, mas você sabe... eu me viro bem com essa demanda aí. A não ser quando...

MSN:
Quando?

WhatsApp:
Quando algum juiz de merda me suspende temporariamente, daí o
povo me trai com o Telegram…

Telegram:
(*de passagem pela cena, sorrindo de orelha à orelha, agarrado a dois códigos "gostosos"*)
Yeah, baby, jo soy el urso! Tengo el caminho de Shangri-La.

WhatsApp:
O FDP tem até grupos secretos… FDP… o quanto de coisa errada
que deve se combinar nesses grupos...

Telegram:
(*antes de sair de cena*)
Te cuida, boy. Tua era vai passar…

WhatsApp:
(*resmungando para si próprio*)
É o que veremos, cabrón. É o que veremos...

(berra:)
I'm the king of the world!

MSN:
Ah, esses apps jovens… Vaidosos. Já tive essa ilusão, amigo. Eles só
querem o seu código nu…

WhatsApp:
Ah é, seu frustradinho? Isso é só porque não é mais *hype*. Tu é fora de
moda demais, man. Eu hein…

MSN:
Me respeita, rapá. Muito desse teu código-fonte aí tem base de codificação minha. Se liga, garoto. Tu acha que se fez sozinho é, ô iludido. *Ó coitado...*

WhatsApp:
Que jargão velho do carai. Só podia ser, né?

(*nesse momento passa pela cena, apoiado em uma bengala-andaime o velho ICQ*)

E por falar em velho...

(*zoada de conexão por linha telefônica e modem... - som do ICQ tossindo*)

MSN:
Bença, vô.

ICQ:
(*com voz cansada*)
Que o Grande Algoritmo te abençoe, menino. Ó (*olhando pra WhatApp*), você também está aí, meu jovem! A você também!

WhatsApp:
Tsss... olha só essa tartaruga enrugada... má que sucatona antiquada, hein... haha

MSN:
Respeita, moleque!!

ICQ:
(*meio surdo*)
O que você disse, meu jovem?

WhatsApp:
Nada não, véio. O senhor não iá lá no sucatão digital jogar gamão
com o MS-DOS e o mIRC, não? Rolê jurássico.

ICQ:
Ah, sim, sim… estou indo pra lá, mas eu passei por aqui por acaso e
vocês estavam aí discutindo.

WhatsApp:
(*irritado*)
Não é nada demais…
(*em tom baixo:*) só esse recalcado aí…

ICQ:
Deve ser alguma nova brincadeira entre jovens… Bem, vou indo
pois tenho ainda um longo caminho pela frente.

WhatsApp:
Ou para trás… hahha… nesse ritmo aí de conexão… nem viagra
digital levanta essa bengala-dados…

ICQ:
(*saindo de cena*)
Cuidado com os perigos virtuais, meus jovens. Ouvi falar de notícias
falsas aí. Vírus. Cuidado! Usem cami-vírus.

WhatsApp:
Vou logo viralizar esse meme… hahaha

MSN:
Ma rapai, tu só propaga mer(d)a, hein? Essas correntes toscas aí…

WhatsApp:
Mas também propago campanhas para salvar vidas....

MSN:
E um monte de enganação... pra um monte de gente abilolada. Grandes verdades e conspirações do tiozão do churrasco! Acessos incríveis a conhecimentos que nenhuma universidade revela, né?

WhatsApp:
As pessoas também querem se divertir, oras. Não posso ter predileção. Sou apenas o meio. Sou pau pra toda obra.

MSN:
Por falar em pau, fui um dos precursores dessa estória de ficar mostrando a rola para as pessoas no webcam. Pornografias e pah.

WhatsApp:
Você e as paredes dos templos de Pompéia, seu cuzão. Ou mesmo as portas e paredes dos mictórios...

MSN:
Como diz o Eclesiware - "Nada de novo sob o código-fonte..."

WhatsApp:
Nossa... quanta profundidade geriátrica! HAHA

MSN:
Quanta petulância, oh Windows...

WhatsApp:
Ainda tá nessa? HAAHHAHA Nem preciso de computador para rodar. HAHA. Sabe o que é sistema Android, fiote?

MSN:
(faz cara de emburrado)
Esse cara não vê o privilégio que tem e que foi construído sobre todas as experiências tecnológicas antes dele. Não adianta, esses apps jovens são surdos... e mal agradecidos.

(Sai de cena)

WhatsApp:
Esses programas velhos não perdem por esperar. Ainda vou modificar de tal forma a propagação da informação que vai mudar o destino de povos e nações...

Eles não perdem por esperar. Serei uma peça fundamental nisso tudo.

(sai de cena)

* Fim do 1/2º ATO *

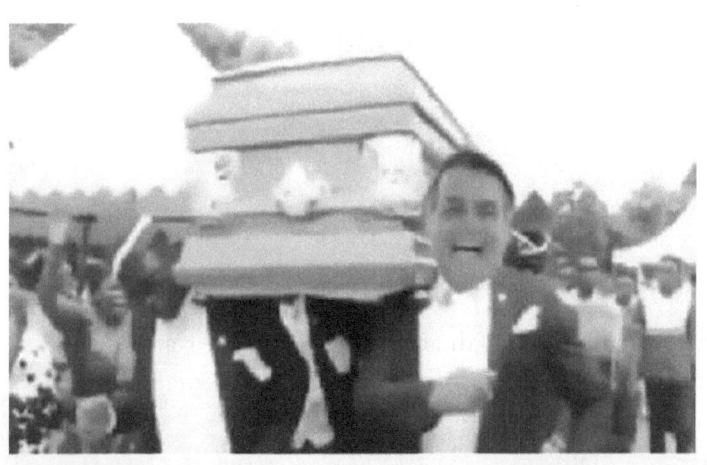

3º ATO:

CENA 1

BozzonarUbu, Eduardo BozzonarUbu, Karlos Markus BozzonarUbu, Dois Assessores, Apresentador, Plateia

(auditório da Associação Hebraik de comunidade zionista)

(Plateia começa a aplaudir. Apresentador entra e sobe no palco. Recebe os aplausos e gesticula para a platéia)

Apresentador:
Muito obrigado pela presença de todos. Obrigado pelos aplausos, mas vou pedir que a gente segure um pouquinho para o nosso convidado de hoje.

O homem que vai subir nesse palco, tenho certeza, é o homem certo para defender os nossos interesses. O homem que em pouco tempo chamarei a esse palco sairá daqui como o NOSSO candidato a Presidente-Rei, aquele que defenderá com unhas, dentes e armas nosso capital e nossos investimentos. Com unhas e dentes mesmo – o cara é brabo!

Pelo que vemos, sentimos e savemos é ele quem vai abrir o Plazil para a farra do livre mercado e para a facilitação dos dividendos e lucros para nossos empreendimentos.

Quero chamar agora para subir ao palco, nesse momento, ele, o futuro Presidente-Rei do Plazil, o Deputado e Capitão Cair Merdias BozzonarUbu!

Platéia:
(*Aplausos efusivos*)
Aeeeeeeeeeeeeee. Mitoooo!

(*BozzonarUbu sobe animadamente ao palco, acompanhado dos dois filhos e dos Dois Assessores. Faz o gesto da arminha.*)

BozzonarUbu:
Antes de começar quero informar que toda semana tem sempre uma, duas ou três notinhas do Anselmo Fróes no jornal criticando o período militar 64-85 e nos últimos dois meses ele também entrou nessa cuestão nossa aqui. Ele gravou um vídeo com o Lázaro Bamos onde ele diz: "estudei marxismo-leninismo na União Soviética, a KBG me transformou numa outra pessoa. No Brasil, usava um nome falso. A KBG me protegia dos militares do Brasil. O QCD me dava um salário." A KBG foi introduzida no Brasil como se estivesse vinda da França e não da União Soviética. Até hoje ele se orgulha do

seu passado. E ele representa muitos jornalistas do Brasil. Se o outro lado tivesse ganho a guerra, nós não estaríamos aqui hoje com toda certeza. E o que nós sofremos, os israelenses também sofrem na cuestão da briga Israel-Palestina. Um dos últimos acordos sancionados pela Kilma Roucéfalo foi um acordo Brasil-Palestina. No meu entender era para facilitar a entrada do Ramás no Plazil. Antes de entrar no assunto. Por que que tô aqui?

Primeiro por que fui convidado.
Qual é o meu papel aqui? Candidato a Presidente-Rei.
Eu sou bom? Posso representar dias melhores pro nosso país?
Costumo dizer o seguinte: eu não sou bom não, mas os outros são muito ruins.

(*Plateia ri*)

A ponto que eles me esculacham tanto que eu estou crescendo em pesquisas.

Bem, eu fui em Israel esses dias com meus quatro filhos.

Karlos Markus BozzonarUbu:
(*sussurrando*)
Foram com os 5 filhos.

BozzonarUbu:
Como?

Eduardo BozzonarUbu, Karlos Markus:
(*gesticulando*)
Cin-co.

Ah sim, fui com os cinco filhos. Os quatro homens e com o quinto, que eu dei uma fraquejada e veio uma mulher. Uma menina de seis anos.

Mas, voltando, fui em Israel e a força militar lá é super avançada. Aqui, discriminam os militares todo momento. Quando eu disse que ia botar metade dos ministérios de militares todo mundo deu um pulo! Pô, a Kilma botou metade de guerrilheiros, de bandidos, sem qualificação. Taí a Laja Vato aí... A galera aí em Plazília cria formas de se safar. Anistia, criando voto em lista para eles continuarem na frente, para continuar com imunidade parlamentar... esse é o nosso parlamento. E todo mundo sabe disso, talquêi?

Lá em Israel eu percebi o que nos diferencia do Plazil. Olha só, percebam. Lá em Israel eles são pobres em recursos naturais, não tem nada! Mas, eles são ricos e tem tudo, pega tudo de fora. E aqui? Aqui nós temos tudo, uma riqueza imensa de recursos, natureza, Amazônia, Pantanal, não temos furacão ou terremoto, e não temos nada! Somos uma economia ainda em desenvolvimento, mas pobre. Uma economia em recessão por conta dos governos de esquerda do BT!

A gente não vai pra frente se a gente não intensificar e incentivar o capitalismo absoluto no país. Desregulamentar tudo! E nisso temos muito o que aprender com Israel... e com os Estados Unidos. Torci e muito pelo Tramp nos Estados Unidos. Eu via a Killary Clinton como uma espécie de Kilma Roucéfalo que falava inglês. Uma louca! Se ganhasse iria quebrar o país! Sem dúvida uma péssima escolha para os empresários americanos.

Um dos principais parceiros comerciais nosso seriam os EUA, junto com o Japão, Coréia do Sul, Israel. O Mercosul tem sua importância, mas deve ocupar sua posição. O BT quer transformar o Plazil numa América do Sul Bolivariana. Imbecis úteis!

(apresentador se aproxima e fala algo no ouvido de BozzonarUbu)

Ele tá me dizendo aqui que tem um monte de mortadela importante aí protestando contra mim. Os teleguiados do Polvo. Costumo dizer assim: o pessoal lá de baixo, é o pessoal com cérebro de ovo frito. Não adianta botar debaixo da galinha que não vai sair pinto nenhum. Se fosse na ditadura, não estaria nenhum aí oh! Tudinho comendo terra e formiga. O problema foi que a revolução de meia-quatro não matou muito, deveria ter matado mais. Mas, deixa eles já. O deles espera!

(pega um copo d'água e bebe. Limpa a garganta.)

Daí retornamos aqui pra cuestão da xenofobia, né? Nós não podemos abrir as portas do Brasil pra todo mundo. Não seremos a casa da mãe mariajuana. Daí o Tramp fazendo o que tá fazendo com o muro: protegendo o seu país. E ele tá certo. O que essa cambada de bandido vagabundo ilegal tá fazendo no país dele? E de quem eles querem tomar os empregos? Voltem para seus países, ora. Os outros não têm culpa de estar ruim as coisas lá. Deixe-nos em paz ou vão comer é bala. Não podemos permitir que isso também aconteça por aqui, como já está acontecendo com os benezueranos.

Precisamos reforçar nossa segurança. Imagine aí, vocês, investidores, querendo o honesto retorno de seus investimentos, diante da realidade dos assaltos nas estradas a cada dia. As estatísticas dizendo que só no Estado do Rio de Fevereiro trinta caminhões de carga são roubados por dia. Trinta! Daí quando um policial mata um "vagabundo" desses daí, uma cambada de "vagabundos" como esses que estão lá fora querem mandar prender o policial! Tá certo isso? Não! Tá tudo invertido!

Tem um monte de coisa que temos que revogar aí.

Por exemplo: estatuto do desarmamento. O que é esse estatuto? É tirar a arma das mãos do cidadão de bem. Você imagina aí, um meliante que entra na sua casa, te rouba e estupra a tua esposa e teus filhos. O que você pode fazer? Com uma arma em casa, ou quatro, como pretendemos, você pode resolver isso daí. Pega uma e distribui as outras pras crianças. Mata o vagabundo e pronto. Vamos garantir retaguarda jurídica para todo empresário, político e cidadão de bem. Defendo a propriedade acima de tudo.

Agora imagina um adolescente entrando na escola para se vingar de bullying ou sei lá como se chamam essas frescuras novas aí que a Esquerda tanto tenta propagar... com uma arma o professor ou algum funcionário poderia resolver isso daí. É uma equação simples: 'arma + retaguarda jurídica alegando legítima defesa = a mais um vagabundo a menos'. Ponha um esquerdopata na sua frente e aperte o gatilho, mesmo um com mimimi e lengalenga de fracassado pra poluir a sua visão de mundo. A conta fica linda, talquêi?

E temos também a cuestão dessas terras demarcadas aí, riquíssimas em minério. Vocês sabem com quem o governo do BT estava negociando para explorar? A China! Isso mesmo. Mas, agora elas estão sob o domínio de povos quilombolas.

Os quilombolas... eu fui nos quilombolas no outro lado do país. Olha... o... afrodescendente mais leve lá pesava sete arrobas. Não fazem nada! Eu acho que nem pra procriador serve mais. Mais de um milhão de reais ano passado foi gasto com eles. Recebem cesta básica e mais material de serviço agrícola. Não querem nada com nada. Va-ga-bun-dos!

Olha a que ponto nós chegamos: o governo federal estimulando a luta de classes. Se isso continuar acontecendo o nosso destino vai ser sair do Plazil. Eu vou ter que voltar pra Itália, não sei se eles vão me aceitar lá. Mas, não vamos deixar isso acontecer, talquêi? Nós temos como resgatar das mãos desses malandros o nosso Plazil.

(bebe um copo d'água)

Pode ter certeza de quando eu chegar lá, não vai ter dinheiro pra nenhuma ONG. Esses inúteis vão ter que trabalhar e duro! Sem folga! Sem férias! Sem décimo-terceiro! Nem um direito a mais! Não vai ter um centímetro de terra demarcada para indígena ou para quilombola. Comecem a CAIR se acostumando.

Se um idiota num debate comigo falar sobre... misoginia... homofobia... racismo... baitolismo... eu não vou responder sobre isso. Eu quero falar de como podemos imergir o Plazil na lucrativa miséria.

Nós somos a maioria. Nós acreditamos em Deu$. Somos os filhos escolhidos do Pai. A cultura judaico-cristã está em nosso meio, é a nossa cultura. Nós aqui somos plazileiros, patriOstras. Temos que defender a nação. E digo mais, a última chance vai ser agora.

Nós pedimos a Deu$ que nos ilumine.

Concluindo... se estou aqui é porque o meu anticoração é de vocês.

E nosso lema: é Plazil acima de tudo, Deu$ acima de poucos. Nas cores verde-amarelo... e azul e branco.

Nós temos como vencer. Nós somos "diferentes", nós somos a maioria e nós chegaremos lá com a desgraça dos Plazileiros.

Muito obrigado a todos.

(a plateia aplaude)

BozzonarUbu:
E ah, viva a nossa Polícia Militar, as Forças Cagadas Plazileiras: os heróis de que precisamos.

Karlos Markus BozzonarUbu:
Muito bem, pai!

Dois Assessores:
Micooo!! Micoooo!!!

CENA 2

Karlos Markus BozzonarUbu, Frávio BozzonarUbu, Eduardo BozzonarUbu, BozzonarUbu

(a cena acontece numa espécie de sauna em que está dependurado um retrato do Coronel Ostra - os filhos de BozzonarUbu estão numa espécie de círculo que lembra o "circle jerk", cada um está com uma arma em mãos, e eles os alisam e manipulam como se estivessem se masturbando - todos estão usando roupas com tons laranjas)

Karlos Markus:
(manipulando a arma)

Ah, meus irmãos, como é bom voltar a esse antigo ritual. Há quanto tempo não fazíamos isso, não? Desde a adolescência? Desde que a Sheilla Carvalho largou o Tchan? Tinha aquele negão que dançava também...

Frávio:

(*também manipulando a sua*)

Nem me fale, Zero Dois. As tensões andam a toda prova. Vocês sabem, toda essa estória do Beiroz...

Karlos Markus:

Isso tudo é muito injusto. E você apareceu chorando, assoando o nariz na bandeira do Plazil e tudo. Esses idiotas não conseguem reconhecer a idoneidade de um homem sensível?

Eduardo:

(*alisando a maior arma de todas, uma metralhadora*)

Não tão sensível quanto você, Zero Dois. Grande cultuador de jacarés.

Karlos Markus:

É muito azar junto a muita falta de sorte! Um homem não pode sequer ter amor e consideração pelo próprio primo, Zero Três. É muita hipocrisia.

Eduardo:

Ah, esses idiotas coletivizados... como diria nosso mestre guru horo-episcopal Orvalho de Caralho.

TODOS:

Que seja Feita a Vontade do Mestre e mortos todos os Vermelhos.

Karlos Markus:

Falando nisso, alguém sabe se a lua hoje está em Câncer?

Frávio:

Não sei, irmão Karlos. Por que a pergunta, Zero Dois?

Karlos Markus:
Porque penso no meu primo querido e me dá vontade de chorar.
(começa a chorar) Quanta injustiça.

(todos os outros o abraçam)

Karlos Markus:
Cuidado apenas com as armas, familícia. Não sei se isso poderia ser considerado incesto ou assassinato.

Eduardo:
É normal com primos, Zero Dois. Chore à vontade.

Frávio:
(tirando uma bandeira do Plazil do bolso - assoa o nariz, chorando sem fazer som)
Aaaaaah, por quê, Beiroz? Por quê?

Karlos Markus:
(já recuperado do choro)
Isso, ensaia bem o número. Não esqueçamos de nos compadecer da dor de nosso irmão Zero Três também. Ele foi retaliado por conta daquela vagabunda feminista que se dizia "jornalista". Argh, que mulher arrogante, ignorante! Vadia! E depois vai pra boate de roupas curtas esfregando a raba nos favelados e sai dizendo a todo mundo que nosso irmão tem micropênis...

(Zero Dois e Zero Um se entreolham escondendo um risinho irônico, mas se juntam e abraçam o irmão Zero Três)

Eduardo:

O que está acontecendo com as mulheres dos tempos atuais? Depois que elas aderem a essa doença mental terminal chamada "feminismo" elas não se depilam mais, ficam mais arrogantes e rebeldes, cheia de raiva e palavrório. Não tomam mais banho, nem passam perfume, não se vestem mais para nós, homens. Não aceitam mais flores e assédios elogiosos. Nós que sempre fomos gentis e cavalheirescos, românticos e impunemente realistas. Sempre quisemos proteger o sexo frágil – para o bem delas, mal sabem se defender e mal entendem do mundo, da vida, do perigo lá fora. Agora elas se riem de nossa conduta e nos acusam por nossa gentileza e romantismo. E o nosso direito a oprimir e violentar?

Frávio:

Entendo você, Zero Três. Um verdadeiro absurdo, uma tragédia inócua dos costumes contemporâneos! Um dia desses esses negrinhos estavam ajoelhados em cima dos formigueiros e agora estão passando a piroca suja deles na bunda de nossas mulheres e dizendo que isso são direitos iguais e revanche histórica! Nada disso!

Eduardo:

E toda essa porcaria de Direitos Humanos! Entojo purulento! Temos que acabar com essa doutrinação, a Esquerda tá lobotomizando nossas crianças e as transformando em militantes-zumbis! Onde já se viu isso? Crianças e adolescentes exigindo direitos em sala de aula! Eca! E não sabem nem fazer uma simples regra de três!

Karlos Markus:
(envergonhado)
Mas eu também não sei, Zero Três.

Frávio:
(também envergonhado)
Nem eu.

Eduardo:

Tá, depois eu ensino a vocês. Seus ridículos preguiçosos.

Karlos Markus:

O que interessa é que Direitos Humanos apenas para Humanos Direitos: homens de bem, brancos, ricos ou de classe média alta, que trabalham e têm famílias tradicionais, cuidam dos filhos - no caso, suas mulheres donas de casa -, tem empregados domésticos, empreendem e não necessitam de esmola do Estado!

Eduardo:

Tô louco para que papai enterre de vez esse capítulo odioso da Justiça do Trabalho, do Sinistério do Trabalho e dos Direitos Trabalhistas! Quero que Maria volte a trabalhar em casa sem esses direitos, quero poder ter o meu direito a passar a mão no rabo dela enquanto ela encera a cozinha e minha mulher toma conta das crianças! Direitos e garantias trabalhistas para empregados domésticos? Assim não dá, porra! Onde é que já se viu, tamanha subversão de nossas magníficas tradições?

Karlos Markus:

Tudo culpa daquele sapo barbudo que era sustentado pelo amigo. Cujo nome tenho até vergonha de falar... Nojo.

TODOS:

(*gritando*)
Va-ga-bun-do!

Eduardo:

Irmãos, todos nós somos guerreiros da República Branca de *Cool-ritiba*. Verdadeiros e honrados cidadãos que têm consciência dos papéis que representamos e que os outros deveriam representar. É nossa função impor aos outros esses papéis para que o enredo saia como mandado e escrito nos costumes desde os tempos coloniais.

(todos começam a manipular e esfregar suas armas mais vigorosa e sexualmente)

Frávio:

Ai que saudades da Ditadura.

(todos olham o retrato de Ostra)

Karlos Markus:

Ai que saudades de matar comunista e militante com retaguarda jurídica.

Eduardo:

Ai que saudades de poder espancar e matar mulheres. Feminicío é o meu pau no teu domicílio.

Frávio:

Ai que saudades de dar choque em testículo e colocar baratas vivas nas bocetas dessas vadias!

Karlos Markus:

Vamos conseguir, meus irmãos. O Poder da União já está quase ao alcance do Papai. Tá perto... bem perto... ao alcance das mãos...

TODOS:
(gozando juntos)
AAAAAAAAAAAAAAAAAAAAAAAAAAAA

(as armas disparam fazendo uma barulheira infernal)

(*Nesse momento a porta se abre e aparece Cair BozzonarUbu com sua farda militar, entra em cena com andar marcial*)

BozzonarUbu:
Mas, o que é isso? Meus filhos estão conspirando em armas contra o Pai? Peguei-os com a mão na massa!

TODOS:
(*nervosos*)
Não é nada disso, Papai!!

BozzonarUbu:
Por que estão com as armas em mãos atirando desse jeito? Eu mandei issaí?

Eduardo:
Não seja paranoico agora, papai. Estávamos fazendo uma oração para nossos gurus Orvalho de Caralho e Ostra. Seguindo a cartilha da Ditadura... ops... da Revolução.

Frávio:
E pensando novos métodos de ludibriar a imprensa, o povo e instaurar nossa "democracia" militar revolucionária.

Karlos Markus:
E tem a questão do nosso irmão Frávio também. E do Beiroz.

BozzonarUbu:
Santa malícia... ops... milícia! Não se preocupe com isso, meu filho. Papai vai ter um Morro privilegiado para você. Isso é... se eu conseguir ludibria-lo a ponto de anular a sua vaidade heroica.

Frávio:

Obrigado, Papai. Você é o melhor e maior de todos.

Eduardo:

Admitamos que ele é mesmo grande. Muito mais do que eu. Quando tomávamos banho juntos na infância eu ficava embasbacado. Até eu pegava na bunda dele.

Karlos Markus:

Hum ruuumm

BozzonarUbu:

Pára com viadagem, ô Zero Três, tá parecendo o Zero Dois, porra! Quanto ao Beiroz já dei o toque para os policiais justiceiros da Escritório para que ele fosse escondido num dos morros. E paguei as contas do hospital Albert Einstein.

Frávio:

Sempre generoso, esse meu ganancioso paizinho.

BozzonarUbu:

É o mínimo que poderia fazer, uma vez que você deu emprego a mulher e familiares dele! Temos que apagar os rastros dessas rachadinhas, hein. Vamos acionar o nosso lobista predileto, o homem por trás das cortinas. Ele sabe o que fazer.

Frávio:

De acordo, pai. Suponho que ele já escondeu o Beiroz no escritório forjado.

Eduardo:

"Ninguém larga a mão de ninguém."

Karlos Markus:

Ou o pau.

BozzonarUbu:

Sem gayzismo! Sem gayzismo! (*olhando para Zero Um*) Sim. Segundo os informes tá tudo ok. Ninguém vai desconfiar de que aquele sítio onde o Polvo foi acuado com falsas provas é o lugar do Anjo.

Karlos Markus:

Foi só uma brincadeirinha, papi.

Frávio:

Vamos apagar esses rastros, todos juntos. Tá aqui a prova de que somos uma família unida.

Karlos Markus:

E muito engraçada! HAHA

BozzonarUbu:

Já que vocês estão fazendo as preces totalitárias, vou me juntar, talquêi?

TODOS:

Claro!

Eduardo:

Papai, o senhor se passa. Mas é o maior exemplo para todos nós. E sem isso, como poderíamos ter chegado onde estamos chegando agora? É uma honra fazer isso com o Capitão. O nosso querido Papai. Extraordinário paraquedista que acaba vai aterrissar no Palácio do Planalto para varrer de vez o Comunismo do Plazil! O mito! Família unida se passa junto!

BozzonarUbu:

É isso daê, talquêi? Obrigado pelas belas palavras, Zero Três! Já que é tudo japonês nos países baixos aí vou arranjar uma prótese para você fazer sucesso entre as mulheres, talquêi?!

(Zero Três baixa a cabeça)

(tirando uma bazuca da calça)
Vamos detonar esses comunas!! Viva à exploração capitalista, porra!
Viva aos Estados Unidos e Israel! Viva ao Livre Mercado! Viva à
ditadura... ops, Revolução de 64!

TODOS:
(atirando)
AAAAAAAAAAAAAAAAAAAAAAAAAAAAAAAAAAAAAAAAAAA

CENA 3

BozzonarUbu, Pablo Guedes, Dois Assessores, Acionistas, Empresários das Armas, Cilada Malacraia, Bispo Emir Maledo, General Mourrão, Generais das Forças Cagadas, Alguns Milicianos

(mesa de reunião)

Marketeiro:
(como se tivesse acabado de concluir uma apresentação sobre estratégias de campanha)
Como disse, é isso o que tenho em mente. E depois de consultar o Grande Cânon, que ganhou a eleição para o Tramp, é muito certo conseguirmos isso por aqui! O brasileiro sempre se impressiona com as modas americanas, sabemos. O povo é gado.

BozzonarUbu:
(fazendo o gesto da arminha)
Parabéns, meu rapaz. Fazendo tudo como eu mandei. É isso daê, talquêi?

Pablo Guedes:

Foi genial a forma como você se apropriou do L do PoLvo (*faz o famoso gesto do L de Lula*) e por um simples movimento (*lentamente vai inclinando até ficar como se fosse uma arma*), você criou o signo que vai unificar toda nossa campanha. Puta estrategista semiótico, hein!

Marketeiro:
(*sem graça*)
Haha! Muito obrigado!

BozzonarUbu:
É um gênio esse menino.

(*todos fazem o símbolo da arma*)
Mas, só não mais que eu. Se for, eu mando matar, talquêi? Nem preciso dizer que o maior aqui sou eu, ou preciso?

Marketeiro:
(*com medo*)
Mas foi tudo criação sua, Capitão. Claro que foi. Todo mundo viu, não foi?

BozzonarUbu:
Claro, fui eu quem criou isso daí, talquêi?

TODOS:
(*inquietos e desconfortáveis nas poltronas*)
Fooooi!

Pablo Guedes:
Todo elogio direto ao Marketeiro é um elogio indireto ao senhor, BozzonarUbu. Convenhamos.

Empresário do Ramo das Armas:

Sem contar que, por nosso apoio moral e, principalmente, financeiro, nada dessa campanha seria possível. E o mínimo que o futuro presidente do Plazil deve fazer é revogar aquele referendo ridículo do Polvo sobre o desarmamento da população e fazer com que os plazileiros consumam as nossas mercadorias. Nossas queridas e inofensivas armas.

(retira do paletó uma arma e engatilha, seguido dos outros empresários e BozzonarUbu - alguns fumando no ambiente)

O mercado precisa dessa assistência da União!

Empresário Dois do Ramo das Armas:

Nada como aquela velha mão invisível... aquela mãozinha amiga, não é verdade? Uma mão invisível lava a outra.

Empresário Três do Ramo das Armas:

(acendendo um grosso charuto)

É como uma carícia nas bolas feita por uma puta de luxo, caros amigos.

Pablo Guedes:

Muito de fato. E com o BozzonarUbu levando essa, o Mercado também leva. E todos nós vamos repartir esse luxo.

Marketeiro:

Isso sim é comunismo... entre ricaços. Bernard Shaw a nível real.

BozzonarUbu:

Opa, comunismo aqui não, porra!

(retira uma arma e aponta para cima)

Meto bala nisso daê.

General Mourrão:

Além disso, meus patriOstras, tem a questão das Forças Cagadas Plazileiras. Sem reforçar essa questão da arma, tocar na ferida da violência e da insegurança, como conseguiremos fazer com que a nossa categoria possa ter a classe e a decência de que sempre gozamos nos anos de República? Sem arruinarmos essa democracia utilizando essa nova estratégia militar de desinformação contínua e progressiva, como iremos implantar nossa """"democracia"""" hierárquico-militar? Temos que manter nossa decência e nosso respeito.

General Um das Forças Cagadas:
(*idoso com dificuldades, fumando um charuto*)

Muito bem! O Grande General Mourrão expressa com muita veemência uma questão que assola nossas Forças Cagadas. Não é de hoje que nossa categoria vem sido desprezada. Todos esses anos de governo vermelho nos deixou na penúria. Não conseguimos nem pagar direito a pensão vitalícia de nossas filhas solteironas! Fora a falência moral e desagregadora das famílias.

General Dois:
Vergonhoso! Vergonhoso!

General Três:
Mil vezes asco!

BozzonarUbu:

Meus respeitáveis patriOstras, é justamente por isso que reuni todos vocês nesta mesma hora e local. Nossa rede de apoio eleitoral tem como base toda essa denúncia contra a desmoralização ostensiva de nossas instituições e a ruptura com os velhos e belos modelos de poder patriarcal, sob a égide da segurança do coldre e do chicote contra a insubmissão. Como puderam arruinar instituições tão belas quanto a Casa Grande e a Senzala? No meu governo policial, militar, juízes, empresários e chefes de família poderão executar os bandidos sem piedade alguma e não terá que se preocupar com nenhum imbróglio ou consequência de punição jurídica. Estaremos acobertados pela Justiça, pela Lei e Corte, como funcionários do Direito Militar. Teremos de volta nosso privilégio do extermínio!

TODOS:
Viva!

General Um:
Sem contar que nas escolas está uma imoralidade sem dimensões! Tem uma história aí que já acontece de exame no ânus para aprender sobre sexualidade, anatomia e gênero! Imagina isso: garotinhos e garotinhas examinando o ânus uns dos outros para se familiarizarem com o sexo, assim, de forma banalizada e sob cobertura institucional! É isso que queremos pro nosso Plazil?

TODOS:
Não!

General Três:
Coisa desses vagabundos sodomitas, pecadores, esses ideólogos da putaria!

General Dois:
Vergonhoso! Vergonhoso!

Dois Assessores:
(*fazendo a arminha*)
Vergonhoso! Vergonhoso!

BozzonarUbu:
Esses canalhas va-ga-bun-dos vão prum caralho! Ou melhor: pra bala! O melhor lugar para esses cérebros de galinha é a vala comum amazonense, talquêi?

General Mourrão:
Temos que capitalizar em cima do antipolvismo, antiBetismo, Capitão. Pegar estórias e se não tiver, inventar mesmo. Foda-se essa merda. Faremos a verdade!

Pastor Cilada Malacraia:
Se me permitem a palavra, Capitão e generais, o povo compra! O povo acredita em qualquer coisa que seja combustível para o ódio e o cansaço eterno. Temos que pôr lenha nessa fogueira. É aí que nos criamos! E essa coisa da "Ideologia de gênero" é algo que tem que fazer parte disso. Temos que desmascarar essa porcaria aí inventando qualquer coisa. Como disse, o povo acredita! O Velho Testamento tá aí pra isso. As palavras de Deu$ devem ser a salvaguarda da nação. A base para a qual voltamos e onde apoiamos qualquer argumentação.

Marketeiro:
Aquela estória de que eles estão distribuindo mamadeiras de piroca em berçários...

BozzonarUbu:
Acho que a gente podia espalhar o boato de que nos governos betistas estavam distribuindo mamadeiras de piroca nos berçários.

Acionistas, General Mourrão, Generais da Força Cagada e outros:
Muito bem, Capitão! O senhor é genial!

Pablo Guedes:
Mas por onde e como é que vamos espalhar isso?

Marketeiro:
Segundo os conselhos do Mr. Cânon, podemos usar um pacote de disparos de mensagens instantâneas pelo *WhatsApp* e em redes como o Twitter e o *Facebook*, por exemplo, usando *bots*, isso é, computadores com perfis falsos que vão adicionando as pessoas e as incitando a compartilhar essas notícias falsas, sem fontes, etc.

Pablo Guedes:
(*entusiasmado*)
Uau. Impressionante. Isso funciona mesmo?

Marketeiro:
Só funciona! O Tramp que o diga - sua campanha foi toda sustentada nisso. Nossa maior arma nesse pleito será o *WhatsApp*. O que mais temos no Brasil, e no mundo, são pessoas ignorantes e tolas, muita gente burra, papagaios que acham o único sentido da vida no ódio a um inimigo. E agora que o inimigo está "claro", podemos ganhar a eleição capitalizando esse ódio e essa revolta. Estão tão cansados de "tudo isso aí" que vão compartilhar sem questionar. E ainda brigar com amigos e familiares! E como o Capitão fala como eles, com eles. É certo sairmos vencedores nisso.

BozzonarUbu:
Meus eleitores têm que ser malas e invasivos mesmo! Botar moral contra esses betistas, vermelhos, comunas, gayzistas aê. Vamos acabar com essa mamata das minorias! As minorias têm que se curvar à maioria, caramba! Cabô dinheirinho pra ONG de preto, favelado, bandido, abortista e o caralho! Aqui não, João!

Pablo Guedes:
Santa mamadeira de piroca!

TODOS:
Santa mamadeira de piroca!!

Acionista:
(*tirando um livro do bolso do casaco*)
Vocês viram esse livrinho infantil aqui?

(passa o livro entre os demais que olham surpresos)

Encontrei junto ao material da escola de meu filho adolescente. Disse que alguém recomendou, provavelmente da escola!

Marketeiro:
Podemos dizer que é parte de um kit que esse grupo da Ideologia de Gênero...

BozzonarUbu:
(interrompendo)
Páre de roubar minhas ideias, porra! Podemos dizer que é parte de algo chamado Kit Gay e dizer que o governo do meu adversário tá distribuindo para as crianças e adolescentes para que eles virem gays. Que ser gay é legal, bacana, da moda, "daora"!

TODOS:
Genial, Capitão! Muito bem.

Marketeiro:
(desconcertado, escondendo irritação)
Era o que eu... muito bem, Capitão! Excelente a SUA ideia.

Outro Acionista:
Como se chama isso aí que o Cânon inventou? E como podemos fazer isso acontecer?

Marketeiro:
Feliz que tenha perguntado. Estão chamando isso de *fake news*. Mas a mídia sempre inventou coisas para manipular o público e fazê-lo acreditar em certas coisas como verdade, não é? Nada de novo! A diferença é que vamos terceirizar esse serviço de produção e replicar como se fosse legítimo.

Pablo Guedes:

Exatamente como Joseph Goebbels disse sabiamente. "Uma mentira repetida mil vezes...

BozzonarUbu:

... se torna a verdade." É isso! É isso daê. (*faz saudação nazista*) *Heil Hitler*! Se o Bilbio Bantos me chamasse pro Show do Hitlão eu acertaria todas!

General Mourrão:

Como se nunca existisse manipulação de fatos no outro lado também, ora bolas. Eles sempre venderam o Plazil como uma espécie de Jardim do Éden. É muita ingenuidade.

BozzonarUbu:

Quem é que vai vender agora? Quem não mente é otário.

Pastor Cilada Malacraia:

É verdade. Ás vezes Deu$ nos permite que mintamos por um bem maior. Sabe, umas mentirinhas, inofensiiivas...

Pablo Guedes:

Ou pelo nosso bem... digo, o bem do Mercado.

BozzonarUbu:

Bem colocado, Pablo Guedes. Bem colocado. Nosso Chicago-Gogo-boy sabe tudo!

Marketeiro:

Podemos fazer um esquema no qual os empresários compram os pacotes de mensagens e o disparo é realizado. Tudo por fora do orçamento oficial. Como uma "doação de campanha" não-declarada, claro. Podemos fazer uma cortina de fumaça em cima. Utilizar distrações, logo o público esquece. Memória de brasileiro é neblina...

BozzonarUbu:

Meus amigos financistas, acionistas e investidores. Não se preocupem que eu e o Pablo Guedes cuidaremos pessoalmente das questões de vocês em todas as instâncias do Poder. Fechados com o Bozzo? Precisamos de vosso suporte financeiro. Vocês receberão em dobro, em triplo, em quádruplo depois! É um investimento dos grandes, meus patriOstras!

ACIONISTAS (um depois do outro)

Pode contar comigo!

Comigo também!

E comigo!

Com todos nós!

BozzonarUbu:

Bem, temos dois "fatos" - vamos chamar assim, talquêi? - para começarmos a maior campanha de difamação de nossa história moderna. Inventaremos outras coisas ao longo da campanha, talquêi?

TODOS:

Talquêi, Capitão.

BozzonarUbu:

Com isso dou por encerrada a reunião. Peço licença agora pois tenho que voar para outros compromissos. Qualquer coisa nos comunicamos nos grupos, talquêi?

(BozzonarUbu sai de cena)

(Depois dele os acionistas, empresários das marcas e alguns generais saem da sala)

CENA 4

Marketeiro, General Mourrão, Pablo Guedes, Pastor Cilada Malacraia, Bispo Emir Maledo.

(mesma sala de reunião)

Pablo Guedes:
(para o Marketeiro)
Mas, tem algo que me perturba muito, devo confessá-lo. (falando em tom mais baixo) E claro, não poderia dizê-lo na frente do Capitão. Isso seria enfrentá-lo, enfurecê-lo e em sua paranoia ele diria que estou o traindo! O que não é verdade! Pelamor.

Marketeiro:
Qual é a sua angústia, senhor Pablo Guedes?

Pablo Guedes:

Sabe como é, o Capitão escorrega demais na retórica. Fala muitas coisas assim... digamos... abertamente, entende? Ele não tem muito crivo, nem cautela. E muitas vezes não fala A com B. Isso sempre é usado contra ele e isso mela de merda a coisa toda. E acaba sobrando pra gente limpar o cocô.

Marketeiro:

Entendo. Temos que fazer uma higienização na imagem do Capitão. Como quando o Polvo foi eleito pela primeira vez, lembra? Toda a imagem, aparição, gestos, símbolos, discursos: tudo foi produzido para atrair a confiança das camadas mais altas, os ricos, e a classe média, para que ele ganhasse. Deu certo. Ele parou de falar de "socialismo" e "revolução" e falou em "pacto social", higienizou e maquiou o discurso para o tom da hora. O povo, a elite, o empresariado, investidores – todos compraram. E isso foi nosso trabalho. O trabalho da equipe de marketing político. Nós cuidamos da imagem e do discurso do candidato, cada detalhe mínimo de suas ações e aparições públicas. Somos os gerentes da imagem, por assim dizer.

Pablo Guedes:

Muito interessante. Continue.

Marketeiro:

E realmente funciona. A população passa a acreditar, aceitar e recomendar o candidato. Sempre foi assim. As pesquisas mostram.

General Mourrão:

Mas, entendam... ainda tem a questão também da imprensa. Ele vai lidar com veículos que já fazem campanha contra ele há anos. O Capitão os vê como inimigos. Até eu estou segurando e soando mais moderado em comparação a ele. Claro, mentalidade estratégica...

Marketeiro:

Muito inteligente de sua parte, General. A imprensa vai acabar do seu lado em caso de divisões potenciais no processo. Teremos que instruí-lo nos pormenores em como ele vai se dirigir aos jornalistas e ao público geral – ao menos neste delicado período em que o público precisa ser convencido e engajado. É um treinamento tático de guerrilha midiática. Uma estratégia sempre boa é atribuir à corrupção e compra dos veículos midiáticos - integrando à certa visão ideológica da sociedade - por parte da força adversária. A história do poder e das eleições demonstra isso sem cessar. Mas, o candidato vai ter que passar por certa reeducação gestual, discursiva. Gestos, expressões e tom de voz menos violentos, mais amenos, porém, de modo a não descaracterizá-lo de todo. Ele também não pode perder a "autenticidade", a marca pessoal dele, ou as pessoas não o reconhecerão mais. E são esses os que são mais fiéis e que nos elegerão. Uma base fiel. O resto é agregado indeciso em disputa.

Pastor Cilada Malacraia:

Isso é muito importante sim. Fundamental, diria. E quanto aos eleitores, podemos garantir que a evangelização massificada já é um fato contemporâneo. O abandono dos subúrbios pela esquerda – aliás, de uma imensa camada do Plazil profundo das cidades - nos deixou um campo fértil de ocupação religiosa. Miseráveis em busca de redenção e sentido para viver. Claro que aproveitamos! Quem seria tolo de não fazê-lo? E até a juventude de boa parte da periferia está conosco atualmente. Que vê a baderna que o Plazil se transformou e não entende patavinas do que está acontecendo. A crise da fé católica e todas aquelas revisões polêmicas das teses tem feito com que muitos saiam da igreja católica correndo para o abrigo de nossa fé e de nosso preconceito dogmático. Estou errado, Bispo?

Bispo Emir Maledo:

Jamais. É um fato concreto que a nossa fé é a que tem cada vez mais e mais fiéis. Mundialmente competimos com os muçulmanos, mas estamos crescendo. Temos ganhado muito mais veículos de mídia também. Deu$ está do nosso lado.

Pastor Cilada Malacraia:

Podemos usar os espaços do culto para fazermos campanha eleitoral, sempre o fizemos. Desde que vocês nos ajudem também nas bancadas e em nossos interesses, claro. Nada é de graça. Deu$ gosta de um agrado, um pequeno holocaustozinho ali...

Bispo Emir Maledo:

Isso. Não existe almoço grátis, meu caro.

Pastor Cilada Malacraia:

Tenho que fazer um ato num culto com o Capitão. Tenho que levá-lo lá e dizer que ele é o "Merdias", que Deu$ o escolheu. Levar isso aos fiéis. Fazê-los emocionados com a "revelação". Esse tipo de coisa possui efeito impressionante sobre as massas analfabetas. No caso de dificuldades do Capitão para governar, alinhamos junto com as tentativas do "Tinhoso" de tirar os bons de seu caminho glorioso.

Bispo Emir Maledo:

Glória a Deu$, isso é muito poderoso! E enquanto dono de emissora de TV e rádio vou entregar na mão dele todos os meus telespectadores e impor aos apresentadores e demais pessoas que trabalham lá a votar nele e fazerem campanha constantemente.

Marketeiro:

Maravilha! É isso!

Bispo Emir Maledo:

E que ele tenha certeza: ninguém lá vai polemizar com ele ou deixá-lo de saia justa. Em nossa perspectiva religiosa desencorajamos a dúvida ou questionamento das autoridades. Podemos fazer um esquema no qual nossas perguntas irão favorecê-lo, passar uma boa imagem. Podemos colocar a Michellete também com um programa próprio.

Marketeiro:
Isso vai ser muito bem para passar a ideia de que ele não é misógino como pensam. Dar uma boa maquiada na misoginia dele. Uma boa imagem de esposa com personalidade, porém submissa e fiel, no papel de dona-do-lar, educadora dos filhos. Modelo de mulher a se seguir, padrão de feminilidade.

Pablo Guedes:
E como vai ficar no caso de entrevistas em emissoras adversas, como a Rede Bobo, por exemplo? Lembrando que a memória do Capitão não é lá uma fonte muito confiável. Acho que deve ter caído algumas vezes de cabeça quando era paraquedista.

Marketeiro:
Não tem erro! Basta colocar a colinha pra ele. Algumas palavras-chave.

Bispo Edir e Cilada Malacraia:
Deu$!

General Mourrão:
Armas!

Pablo Guedes:
Família!!

Marketeiro:
E como ele tem frisado muito o seu papel no Sinistério da Deseconomia, para questões mais técnicas eu sugiro que o lembrete "Pablo Guedes".

Pablo Guedes:

Sim. E como conhecemos o jeito simplão e destrambelhado dele é capaz dele anotar isso na mão mesmo.

TODOS:
HAHAHAHAHAH

Marketeiro:

Sem dúvida. O povo adora isso! Aproxima-o deles. Torna um "igual". Esse tipo de estética vai colar e super bem, minimamente pensado... caneta bic, restaurante barato de *self-service*, etc.

Pablo Guedes:

Mesmo não sendo nada disso na realidade real mesmo. É uma jogada e tanto!

Marketeiro:

Podem ficar tranquilo. Vamos eleger o "mito"! Temas a faca e o queijo na mão.

Pablo Guedes:

E o mercado cansado desses vermelhos românticos humanistas. Arre. O capitalismo sempre ganha, porra! E nós somos o capitalismo! Não soldadecos, mas putos marechais!

General Mourrão:

Mudando um pouco de assunto...

(para Pablo Guedes):

... quanto à reforma da previdência, nada de incluir os militares, tá entendendo?

Pablo Guedes:

(para Mourrão)

Não se preocupe, cuidaremos bem dessa "cuestão aí".

Mas, pensando aqui nos debates, se o "mito" defecar demais em público, temos que pensar numa alternativa. Um modo de isolá-lo dos debates. Um modo de salvá-lo da humilhação. De fechar aquela boca que mais parece um cu cagando.

General Mourrão:
(aperta num botão para comunicar algo com outra sala)
Mandem entrar os Dois Assessores.

(entram os dois assessores e entregam uma lista para Morrão e saem logo depois)

PatriOstras, não se inquietem. Bolamos um plano infalível.

Pablo Guedes:
Que lista é essa?

General Morrão:
Você disse que temos a faca e o queijo na mão. No caso, vocês têm o queijo...

Pablo Guedes:
Perdão, mas vai nos dizer que você tem... a FACA?

General Mourrão:
Não exatamente, mas é bem melhor do que isso. Tenho aqui a lista de ex-partidários do outro lado, gente que tá putaça da vida, cheia de dívidas, problemas, e que podemos comprar para utilizar num plano diabólico. O plano que vai nos dar os eleitores de mãos beijadas. Temos aqui o nosso "milagre" da vida. Isso vai emocionar tanta dona-de-casa, tanto eleitor, tanto ladrão, tanto desempregado, tanta gente! Vai ser uma comoção generalizada!

Bisco Edir e Cilada Malacraia:
Aleluia, Senhor.

General Mourrão:

Para fazer omelete teremos que quebrar alguns ovos, patriOstras. Assim reza a lei universal.

(Entrega a lista ao Marketeiro)
Junte-se ao pessoal da nossa equipe de segurança estratégica e levante os perfis de cada nome. Dessa peneirada vamos extrair aquele que vai livrar o Capitão do incômodo dialético dessa gente da esquerda.

TODOS:

Uau.

General Mourrão:

Anotem o que digo. Essa é uma peça definitiva. Essa vai ser, pasmem, a salvação e salvo-conduto de BozzonarUbu. O passaporte carimbado para o Palácio do Planalto.

* Fim do 3º ATO *

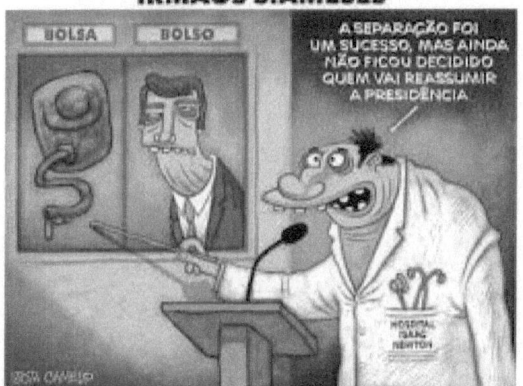

Desculpa pra dar no dia dos roles que a gente
nao quer ir

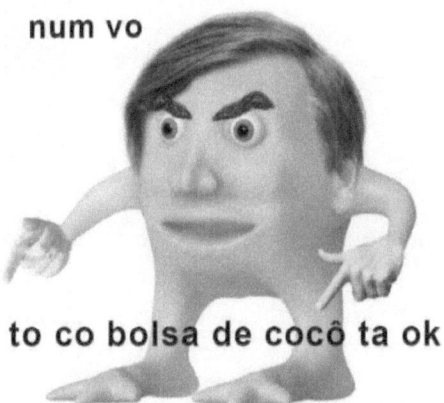

4º ATO:

CENA 1

Um apresentador de TV, falando como se fosse num documentário, Outro Apresentador, Repórter.

(*Em estúdio televisivo*)

Apresentador:

No programa de hoje, iremos falar de uma história de superação. Uma daquelas histórias que você, telespectador, que sofre com a miserabilidade da vida, conhece muito bem. Poderia ter sido a sua própria história.

(*Imagens começam a ser projetadas no fundo do palco - imagens históricas, antigas, imagens de baú da família*)

Essa história conta sobre o típico azarão que, iluminado por Deu$, faz o caminho da ascensão à glória. Hoje estamos aqui para falarmos sobre a história pessoal e pública do maravilhoso homem que vai levar nosso país de volta aos trilhos.

Estou falando aqui do Deputado e Capitão Cair Merdias BozzonarUbu. Um homem que foi escolhido por Deu$ para "acabar com tudo isso aí". Um homem que foi escolhido pelo Senhor para trazer de volta as bases fundacionais de nossa boa sociedade evangélica.

Não, segurem ainda os lenços em seus bolsos! Não é a hora de chorar ainda. Segurem-se nas poltronas. Essa estória está marcada, certamente, por muitas lágrimas, algumas "polêmicas", mas tudo em nome do Bem, da Família, do País.

Tudo. Em nome. De Deu$.

Outro Apresentador:
As origens humildes do Capitão Cair BozzonarUbu remontam à Itália. A terra onde a Igreja começou parte de seu reinado espiritual, antes da Reforma que valorizou e fortaleceu nossas crenças no Senhor. A terra que nos deu poetas como Dante Alighieri e homens de bem como Benito Mussolini e Julius Evola.

(*mais projeções no palco*)

Os tataravôs de BozzonarUbu, por serem pobres e humildes, viram na imigração de colonização uma oportunidade de fazer alguma prosperidade e de espalhar o espírito do Senhor nas terras plazireiras. Todos nós sabíamos que os índios viviam aqui em libertinagem, pecado e barbárie e nossos ancestrais - nos quais se encaixam a família BozzonarUbu em seus primórdios - vieram para trazer a salvação na palavra de KKKristo.

Repórter:
Estou aqui na cidade de Cão Pablo, no interior, onde vieram primeiramente os BozzonarUbu e onde a família floresceu num ambiente direito e de bem.

As gerações foram se passando até que, por um milagre - sua mãe não conseguia engravidar - o menino surgiu e foi batizado de Merdias ao nascer. Para a sua mãe ele traria algo bom ao mundo, ao país. Ela tinha visto um anjo que lhe disse isso. Algo dependurado na cintura.

As esperanças o levaram a se tornar um rapaz de bem que aos dezoito anos se engajou nas Forças Cagadas como soldado paraquedista. E, adivinhem só, ele não se cagou de medo quando subia em aviões para praticar. BozzonarUbu tinha a valentia de leões-de-chácara para cumprir as missões que seus superiores lhe entregavam.

Porém, insatisfeito com a condição salarial que não dava garantiam ao menino que, prestes a se casar pela primeira vez, ia constituir família, acabou por liderar um movimento dentro do qual que o expôs às autoridades militares.

Bombas foram descobertas e jogaram a culpa no pobre Cair. Como diz o ditado, "merdas acontecem".

CENA 2

BozzonarUbu, Michellete, Eduardo, Dois Assessores, Marketeiro e Equipe, Pablo Guedes, Dois seguranças, Produtor

(num camarim, antes de uma aparição ao vivo em rede nacional)

BozzonarUbu:

Ai gente... estou com medo. Estou com um puto frio na barriga.

(peida - todos tapam o nariz)

Eu peido muito quando estou nervoso. Vocês sabem. Mas, deve ter algum cano vazando por aqui perto. Esse cheiro né meu não. Eu não fedo assim! Que fedor.

Eduardo:

(tapando o nariz)

Mas, pai, não se preocupe. Não fique assim nervoso. Não tem o candidato do BT. Você vai tirar de letra. É o favorito segundo as pesquisas. E só tem crescido!

Michellete:
(atrapalhada entre tapar o nariz e fazer gestos de Libras)
Meu amor, vai ficar tudo bem. Todos os outros são nanicos!
Naniquitos. Você é o grande mito!

BozzonarUbu:
Mito! Mito! Toda essa coisa me deixa também nervoso. Eu sou um
cagão, um frouxo, tenho medo até da minha própria sombra no
espelho.

Marketeiro:
(tapando o nariz)
Calma. Respire fundo! Estamos aqui preparados para prepará-lo.

BozzonarUbu:
Essa imprensa é muito lixo. Lixo! Eles não têm pena alguma de mim!
Querem acabar comigo! Sou apenas um homem.

Pablo Guedes:
Um homem com sérios problemas de gases, já sabemos. Mas pare
com essa automiserabilização, homem. Você é o favorito nas
pesquisas. Basta ser você mesmo e seguir os conselhos da equipe de
Marketing e nossas diretrizes e dados. Eles têm as indicações e
estratégias.

Eduardo:
Além do mais, cada porrada que eles te dão, você cresce mais e mais.
É quase um super pinto.

(em tom baixo, melancólico)
Que falta me faz...

Pablo Guedes:
Você aparece em foto com uma serra de cozinha enfiada num pão e cheio de farelo na mesa e ganha milhares e milhares de comentários de identificação, homem. Não tem nada a temer. Esse debatezinho é que passar requeijão num pão de forma e molhar no cafezinho...

Michellete:
Vai na Igreja é logo chamado de "Merdias", e ganha milhares de fiéis que seguem a sabedoria dos pastores.

Dois Assessores:
(*ridiculamente empolgados*)
Sim. Sim. Milhares de fiéis! Milhares!

BozzonarUbu:
Ai ai Jesus KKKristinho.

(*nesse momento batem na porta do camarim: Toc! Toc! Toc! Toc! Toc! toc!*)

Michellete:
(*sem abrir*)
Sim?

(*o produtor do programa de TV abre a porta e só enfia a cabeça na sala:*)

Produtor:
Contagem de cinco minutos para início da transmissão do Debate, apressem-se, ok?

Marketeiro:
Tudo bem. Estamos prontos, apenas nos concentrando.

(produtor fecha a porta)

BozzonarUbu:
Ai ai ai

(peida novamente).
Não tem como evitar isso daí?

Marketeiro:
(discretamente tapando o nariz - os outros presentes fazendo o mesmo)
Lamento, mas não.

BozzonarUbu:
Por que não temos um sósia ou um clone? É só colocar um dublê lá, como naqueles filmes do Bruce Willis, sei lá. Qualquer um me imita, pô. Dá um jeito nisso daí, talquêi? Põe um humorista jogando banana na imprensa que tá tudo certo.

Pablo Guedes:
Eles perceberiam, Capitão. Essa gente é esperta.

BozzonarUbu:
Ou posso dizer que estou passando mal. E é verdade, eu tô passando mal. Gases, hérnia, febre amarela, peste bubônica, CoVid-19. Morrendo. Inventem alguma merda aí!

Michellete:
Nada disso, amor. Eles querem você!

BozzonarUbu:
(levantando-se e andando de um lado pro outro)
Deve ter alguma saída de emergência por aqui, não é possível.

Marketeiro:

Ora, Capitão. O senhor é um forte, um guerrilheiro das Forças Cagadas com físico de atleta! Dê o exemplo, homem!

BozzonarUbu:

Não atletismo argumentativo! E como vou distrair e lidar com os outros candidatos? O Biro Gomes? O Alquemino?

Marketeiro:

Distorça a fala dele, pegue alguns elementos mínimos e faça uma digressão para o campo onde você é mais articulado com o povão e o empresariado: o antibetismo. É aí que vocês estão juntos, mesmo que de lados opostos. Não faça perguntas ao Biro, ele é um dos mais argutos e articulados e vai saber usar bem o tempo dele para se mostrar mais preparado, cheio de conhecimentos técnicos e políticos, mais cheio de propostas e com isso vai tentar te colocar em saias justas. Evite-o o máximo que puder. O Alquemino também provavelmente não vai te dar muita bola. Melhor assim. Ele provavelmente só vai acionar a artilharia contra o senhor quando for no horário eleitoral. Nesse momento inicial, o melhor mesmo é deixar ele se desgastar debatendo com o Biro, o Bolo e a Narima. Ou bater bola com Neirelles e Avaro.

Pablo Guedes:

Fodam-se eles. São todos uns sabichões estúpidos cheios de merda na cabeça! Fale que não faz acordos com essa gente. Que vai fazer um governo tecnocrático com Sinistros especialistas. Que não está no conchavo político, no toma-lá-dá-cá. Que tudo isso é "velha política". Hahaha. O povo quer ouvir isso. É o primeiro turno, cada um tá defendendo seu meio-de-campo e sua retaguarda ainda. É bom você defender bem a sua. Estamos todos aqui juntos para isso.

BozzonarUbu:
E o Cabo Cagliostro?

Marketeiro:
Fale de Deu$ e tá tudo certo. Leve junto essa Bíblia. (*Entrega uma Bíblia para BozzonarUbu*) É um emblema poderosíssimo.

Pablo Guedes:
Aquele ali é quase um cover seu tomando rivotril. Haha. E é bombeiro. Enquanto fazendo parte das forças de segurança faz parte de uma de suas bases, não se esqueça disso. Fale de segurança pública, do salário dos oficiais, das políticas de carreira, etc. É um personagem ainda desconhecido, mas com certo tom mais exasperado. Se você for mais calmo nas falas provavelmente vai servir para revelar que você é mais sério do que ele. Deixa ele viajar na maionese dele. Você desenrola essa guerra aí, Capitão. É nenhuma.

Marketeiro:
Acho que esse cara vai se tornar um "personagem" no debate, mas nada que nos afete. É bem provável que ele se torne *meme*. Não devemos nos deixar afetar por esses personagens menores. Não foque nisso.

BozzonarUbu:
Narima?

Marketeiro:
(*cantando*)
"Seguraaa na mão de Deu$..."

Pablo Guedes:
Pelo amor de Deu$, essa é uma ridícula, convenhamos. Domesticazinha que foi pra Disney, agora acha que entende alguma coisa!

BozzonarUbu:

Bolo?

Marketeiro:

Lembre-se da receita do Connor em 89. Ele é a versão beta do Polvo daquela época. Chame o movimento dele de movimento de vagabundos, desocupados e bandidos. Invasores de casas. Esse é o terrorismo que se deve levantar como sendo dele. O público gosta.

Pablo Guedes:

O Bolo é arengueiro, arruaceiro. Não vá na dele. Quando tiver a primeira oportunidade ele vai cair em cima de você. Esse aí é o que vai provavelmente tentar te importunar mais, te tirar do centro. Vai perguntar sobre a Wal, vai falar sobre auxílio-moradia. Ora, bolas, um vagabundo invasor de moradia alheia, de quem suou para ter propriedade privada! Sabemos que o Auxílio-moradia é constitucional. E se ele falar de nepotismo, basta citar que o povo aceita suas indicações por questão de confiança. Ninguém governa sem homens de confiança, certo? Desqualifique-o com base nisso. Sobre a Wal, já sabe: ela estava de férias quando a Bolha de Cão Pablo foi lá! Recuse-se a debater com ele e abra mão do tempo que tiver se for o caso de uma tréplica. Deixe ele falar sozinho! Seus eleitores irão gozar te chamando de "mito".

BozzonarUbu:

Tá. Talquêi. Neirelles? Avaro Noites?

Pablo Guedes:

Elogie o Neirelles e o convoque para o seu lado com base no Antibetismo. Fale de mim também, ele me respeita, já fomos colegas. O mesmo pro Avaro. Use essa mesma estratégia para quem pender para o lado liberal-conservador. Coalizão contra a quadrilha dos vermelhos! Comunistas! Quando chegar o momento das perguntas aos candidatos vise o Avaro para ganhar os eleitores dele, evite quando der o Alquemino. Manda pro Avaro o lance da caixa aberta do BNDES, do vice dele. Avaro vai falar sobre empréstimos aos países dos ditadores vermelhos. Fale das indicações políticas e da "fonte" - sob nossa narrativa - da corrupção. Evite os outros, não se preocupe com o que vão falar: iremos manipular isso. A mesma coisa em relação a oposição - inútil cair em polemização com eles, mas use suas falas para se distanciar sempre que possível. Deixar claro nossa distinção. Eles falarão da Laja Vato, deixe lá entre eles. O Morro está do nosso lado. Mantenha a calma e o senso, Capitão. Fale sem exaltação. Mais alguma dúvida?

BozzonarUbu:
Ai ai, Jesus. Tá chegando a hora. Estou com o cu apertando.

Pablo Guedes:
Segura esse cu aí... não vá fazer como o Zero Um desmaiando na frente das câmeras! Vamos lá, mais lembretes. Questão do estupro: defesa da castração química voluntária do estuprador para possível progressão de pena. Sem boquinha! Diferença de salário entre homens e mulheres: tem muito lugar em que mulher ganha muito mais do que homem. O Estado não deve entrar nessa área! As mulheres andam conseguindo melhor desempenho que muito homem, logo seremos nós que iremos querer salários iguais aos delas! HAHA.

Michellete:
Sei não, hein.

BozzonarUbu:
Ai ai. Sabe de nada, inocente. O que mais, Pablo? Marketeiro? Tô gostando dissaí.

Pablo Guedes:
Sobre a "cuestão" das facções criminosas e crime organizado: a violência cresce no Brasil exatamente por conta de uma equivocada

política de Direitos Humanos. Policial civil e militar desvalorizados. São os que mais morrem em serviço e a sociedade capitaneada pelo esquerdismo cai em cima desses heróis. Fale do desarmamento e do cidadão de bem em comparação ao bandido bem armado. O país precisa de au-to-ri-da-de, e o senhor sabe muito bem disso.

Educação: ensino básico. Escolas e colégios militares de base religiosa cristã. Cite os quatro estudantes aprovados em Harvard que vieram de escolas militares de Brasília. Hierarquia e disciplina tem que se fazer presentes. Comente como a autoridade do professor foi retirada de sala de aula. 70% dos professores daqui de Cão Pablo já foram agredidos por parte dos alunos ou pais de alunos. E que vai abrir um colégio militar em cada capital onde não exista ainda! Fale também do EaD, ensino à distância. O nosso *homeschooling*.

Marketeiro:
Lembre-se, Capitão: nada de falar exaltado, nada de falar em matar comunistas ou adversários. Isso pode impactar negativamente agora. Nada de falar que as mulheres são inferiores, ou negros, ou índios. Sabe tudo o que você pensa? Nesse momento você cala dentro de si e diz o que estamos te dizendo para dizer, por conta do estudo do público e do *quê* ele quer ouvir e *como* deve ser dito para convencê-los. Estamos colocando uma nova versão sua no ar, na mídia, a versão "light", ok? Controle-se, homem. Isso é um jogo! Saiba jogá-lo! Até o Polvo se deu conta disso e se "r"adaptou.

BozzonerUbu:
Nada de raddaptou aqui, hein! Uma ova. Mas, talquêi. Entendi. É uma jogada.

Marketeiro:
Isso. Muito bem. E vamos jogar para ganharmos.

Pablo Guedes:

Candidato, ou melhor, futuro Presidente-Rei do Plazil, preste atenção. Não esquecer: comentar sobre a aparelhamento político-partidário nos sinistérios. Criticar o loteamento dos sinistérios. Uma sopa para os raivosos. "Honestidade" e "decência". Vamos enxugar essa máquina estatal! Desburocratizar e desregulamentar são as palavras.

E a cereja do bolo, qual é? Qual é? Não tem Polvo nem BT nesse debate! (*Gargalha*). Se foderam! Pre-si-di-á-rio. Viva ao Juiz Morro! Herói do Plazil!

TODOS:
VIVA!

Pablo Guedes:
Plazil acima de tudo. Deu$ acima de poucos!

TODOS:
Plazil acima de tudo. Deu$ acima de poucos!

(*BozzonarUbu tira um lenço do bolso do paletó e enxuga o suor no rosto. Visivelmente nervoso. Quase paralisado.*)

Marketeiro:
É isso, Capitão. Vamos lá que é o momento do senhor brilhar nas câmeras da Pand.

(*Todos se levantam. BozzonarUbu solta ainda alguns peidinhos menores que parecem como se pequenas crianças estivessem saindo de mãos dadas depois de uma tempestade, com medo dela voltar. Tenta ensaiar movimentos de aquecimento como se fosse uma espécie decadente e rastaquera de Rocky Balboa antes de entrar no ringue, mas, seu corpo está num estado de enrijecimento que quase não o permite mover-se direito. É quase como um cadáver tentando dobrar os próprios cotovelos. Os dois seguranças se preparam perto da porta e a abrem, são os primeiros a olhar para o lado de fora e sair. A comitiva os segue.)*

CENA 3

Repórter, BozzonarUbu, Bispo Emir Maledo

(*retomada da reportagem da CENA 1*)

Repórter:
Boa parte da imprensa comprometida ideologicamente tem tentado vincular o passado do Capitão a um suposto ataque terrorista com a implantação de uma bomba num dos quartéis-generais em que servira, mas isso tudo é informação falsa, *fake news*, manchete sensacionalista arquitetada pelo outro lado que não consegue aceitar o crescimento em termos de popularidade do candidato Cair BozzonarUbu.

Certo acúmulo de falsos fatos foi criado para passar a indevida imagem de agressividade quando na realidade o candidato é um homem de bem, cidadão de respeito, que apenas respeita e crer fazer respeitar os valores básicos da religião e da civilidade, que demonstra respeito à autoridade de Deu$ e da PatriOstra, bem como a vida em família tradicional.

Frequentador da Igreja do Queijo de Deu$, sempre faz ofertas esplêndidas e generosas para a nossa congregação. Respeita o culto e a palavra do Pastor. Tem a integridade e ingenuidade de uma ovelhinha no rebanho do Senhor!

E é para nos dar essas provas que o convidamos aqui para falar diretamente a vocês. Pode vir, candidato!

(BozzonarUbu entra em cena, sorridente, cheio de si mesmo – inflado como um balão)

E com ele também convidamos o bispo Emir Maledo. Pode vir aqui também, Bispo! Venha cumprimentar nosso prestigioso e amado público.

(Bispo Emir Maledo entra em cena)

Repórter:
Candidato, todos nós sabemos que toda essa coisa que a oposição está fazendo para denegrir sua imagem é uma estratégia de desespero, não acha?

BozzonarUbu:
Primeiramente, boa noite ao meu querido Plazil. Vocês já me conhecem, sou o ex-Capitão das Forças Cagadas Cair Merdias BozzonarUbu, e devo reconhecer, meu jovem, que é sim algo típico de um bando de criminosos que querem atribuir a mim a fonte de seus crimes. E isso é algo injustificável, pois o meu Deu$ Todo-Foderoso está de prova disso. Basta fechar os olhos e falar com ele

que ele vai te dizer o quanto sou generoso, bom e honesto, talquêi? E que o nosso governo é a única opção possível que está diante das mãos para retomar o Plazil em suas dimensões mais elementares, tradicionais e religiosas.

O Plazil é um país em que a fé tem seus melhores ovos dourados e é essa fé que nos mantém unidos diante de tudo isso que tá aí. E para acabar com tudo isso que tá aí é só votar em BozzonarUbu, pois Deu$ é o nosso guia.

O Plazil acima de todos e Deu$ acima de tudo.

Repórter:
Assim como Deu$ é tão bondoso que iluminou o nosso querido herói nacional Juiz Brejo Morro para que prendesse o maior capanga e mafioso de nossa história nacional recente, o ex-presidente e líder do BT, Aluízio Inácio Polvo.

BozzonarUbu:
Isso. Certamente temos que agradecer sempre a Deu$ por iluminar e dar forças para que homens íntegros e justos como o Juiz Brejo Morro tivessem a coragem de enfrentar essa roubalheira e aparelhamento que o BT, representando no seu maior líder, o comunista Polvo, a evitar esse conluio com regimes ditatoriais como Cubra e Benezuera, para o qual o nosso dinheiro público pago por meio de impostos dos pobres e dos muito ricos chegassem a ser saqueados de nossos cofres para financiar tais regimes. Essa mamata tem que acabar, talquêi? E só com BozzonarUbu é que isso vai se tornar realidade.

Repórter:
E quanto a essa mídia vendida que está à esquerda, o que o senhor pretende fazer?

BozzonarUbu:

Essa mídia que vive a plantar a discórdia e desestabilizar o espírito nacional tem que acabar! Nosso governo não dará um mísero real de subsídio e nem permitirá ter acesso aos nossos planos, arquivos e diretrizes. Preferimos que uma mídia mais imparcial e objetiva, como a rede Recorde de nosso amigo glorioso bispo Emir Maledo, tenha acesso ao que iremos passar para que possa se propagar e atingir o domínio e conhecimento do público.

Repórter:

O que o senhor Bispo Emir Maledo tem a dizer sobre isso?

Bispo Emir Maledo:

Ora, o que o presidente decidir, tá decidido. Não adianta a gente tentar pressionar ou manipular fatos. É a voz de Deu$. E quando a voz de Deu$ fala, temos que escutar pois é o divino Falo e mesmo que não nos pareça inteligível, temos de segui-la, como a Abraão que ia sacrificar seu filho Isaac a pedido de Deu$, mas foi impedido por um anjo enviado pelo mesmo Deu$.

Repórter:

O que a emissora de TV, jornal e rádio Recorde poderá fazer, então?

Bispo Emir Maledo:

O presidente e sua equipe podem ficar tranquilos que lhes daremos o tempo e o espaço de Falo para que possa se comunicar, transmitir mensagens e desejos, esclarecer, opinar e divulgar os acontecimentos tanto em âmbitos nacionais quanto em regiões específicas do território. Desejamos com que o candidato aqui se sinta como que numa segunda (ou terceira, por conta do Palácio do Planalto) casa.

Repórter:

Qual deve ser o papel da mídia ou da televisão em seu governo, BozzonarUbu?

BozzonarUbu:

Primeiro, antes de tudo, espalhar a mensagem e o amor à Deu$ e à pátria, e claro, à família. Depois fomentar o culto às tradições, à civilidade e à autoridade. Na família, do pai, na Igreja, do Pastor, na Escola, dos professores e diretor, no Trabalho, no patrão ou superiores hierárquicos, no Exército, das patentes que lhes são superiores e etc. Essa coisa da televisão ficar mobilizando opinião pública tem que acabar. A TV tem que passar o modelo certo de obediência, obedecer é ser livre e não se meter em confusões. Não podemos permitir que as televisões e as mídias sejam ocupadas por militantes, para transformar os espectadores em militantes. Isso não! Você vê aquela novela da Bobo, "Malhacão", falando sobre preconceito, fascismo, tá tudo errado issaí. Em nosso governo tal desrespeito às regras do jogo da tradição não poderão ser toleradas. Chega!

Repórter:

O que você vai fazer com essas pessoas que não creem em Deu$ e tentam mobilizar a sociedade contra o senhor?

BozzonarUbu:

Só não queimo na fogueira porque eu não sou Deu$, sou apenas seu súdito e servidor. Mas, ou eles saem do país ou vãp ser presos, ou ainda vão passar por um período de recondicionamento social em campos de concentração de base religiosa, aprendendo as virtudes do nosso belo cristianismo e nosso código de valores morais.

Esses militantes são criminosos, verdadeiro va-ga-bun-dos que querem privilégios que não lhes pertencem, que querem terras que não batalharam para conseguir comprar, que querem invadir e destruir a propriedade privada das pessoas de bem. Isso tem que acabar! São terroristas! E serão tratados como tal sentindo no lombo o peso da Lei.

Repórter:

Como o senhor reage quando tentam falar que você é a favor de regimes ditatoriais, como o que dizem ter acontecido no Plazil?

BozzonarUbu:

Deixa eu explicar uma coisa. É uma calúnia isso daí. Deixa eu repetir: uma calúnia isso daí. Primeiro porque nunca existiu ditadura militar no Plazil! E nem escravidão! O que aconteceu foi que os militares tiveram que agir em nome da soberania nacional porque os vermelhos tinham chegado no poder através de influências externas, com verdadeiros agentes infiltrados nas células partidárias, na vida pública. E eles estavam querendo fazer reformas inadmissíveis no país, como a Reforma Agrária. Ah, va-ga-bun-dos! Não querem trabalhar e querem terra? Ah, aqui não! Com a democracia em risco os militares resolveram intervir para levar o regime a uma estabilização criteriosa, rígida, sem essa flexibilização que dava espaço para que o pensamento subversivo chegasse a lugares de referência e desestruturassem a nação como um todo.

Repórter:

E quanto aos mortos e desaparecidos?

BozzonarUbu:

Elas eram pessoas sem Deu$, gente ateia. Pessoas que não acreditavam e zombavam de quem acreditam chamando-os "alienados" ou coisa parecida. Pessoas que não acreditam em Deu$ nem poderiam ser chamadas de pessoas, não é? Olhe quanta arrogância desses que se acham os "melhores", a "elite intelectual"... um bando de universitário preguiçoso, maconheiros baderneiros! Acho inclusive que o regime ainda matou muito pouco, deveria ter *mat...* deveria ter levado mais gente para os campos de concentração para aprenderem o significado real de nossos valores cristãos.

Repórter:
Algo a dizer a seus eleitores ou não eleitores, aos adversários?

BozzonarUbu:
A mamata acabou! Não queremos foro privilegiado - isso é coisa de bandido que se esconde para não ser pego pela justiça. Não deixaremos que as escolas transformem nossos filhos em gays - iremos revalorizar o ensino domiciliar e o ensino à distância. O ensino religioso e militar. Para quê gastar tanto com educação em instituições ideológicas como essas nas quais os alunos leem a merda escrita por um Karl Marx e acha que tem mais autoridade e direitos que seus mestres e seus superiores? Vamos acabar com isso daí.

O único livro que conta é a Bíblia... e os livros do mestre Orvalho de Caralho e de outros conservadores. E os que o Pablo Guedes recomendar. De toda forma, não leiam. É muito chato. Leva muito tempo e tempo é dinheiro. É melhor ver um vídeo no YouTube ou os nossos vídeos nas redes sociais. Nosso conteúdo é melhor e mais verdadeiro que essas *fake news* aê.

Repórter:
Últimas palavras, Bispo?

Bispo Emir:
Deu$ quer o melhor para nós todos enquanto nação. E o melhor, segundo Ele, é o candidato abençoado Cair M. BozzonarUbu.

CENA 4

BozzonarUbu, Marketeiro, Pablo Guedes, Eduardo BozzonarUbu,
Frávio BozzonarUbu, Karlos Markus BozzonarUbu, Michellete,
General Mourrão, Dois Assessores

(de volta ao camarim, pós-debate)

Marketeiro:
Eu não disse! Eu não disse, candidato!

BozzonarUbu:
(enxugando o suor, ainda rígido)
Pelo micropênis do Zero Três, quase foi dessa vez... fiquei nervoso,
paralisado ali no meio. Será que os eleitores perceberam isso? Parecia
que estavam debatendo em grego. Sei lá essa porra.

Marketeiro:
Mas que nada, Capitão. O senhor esteve ótimo. Estou vendo aqui as estatísticas virtuais do debate (*aponta para um tablet*) e você se encontra numa margem segura de quase 12 pontos na frente do segundo adversário, o Biro. Meus parabéns, seguiu a estratégia direitinho!

Michellete:
(*animadíssima*)
Meu amor, meu amor, meu BozzonarUbuzinho. Você foi maravilhoso! Você foi ótimo!

Dois Assessores:
Ótimo! Maravilhoso, Capitão!

Pablo Guedes:
Sim, ok. Você foi bem, embora tenha realmente parecido um tanto tenso.

BozzonarUbu:
E ainda terão mais debates. Ai meu Deu$, ai meu Deu$! Me manda uma crise na garganta nos dias, porfavorzinho!

Eduardo:
Precisaremos consultar o guru!

Frávio:
Precisaremos de novas distrações.

Karlos Markus:
Precisaremos do homem da capa preta.

Eduardo:
O Batman?

Karlos Markus:
O Brejo Morro, ô debilóide.

Marketeiro:
É agora que vai começar o verdadeiro momento eleitoral. Esse é o momento no qual temos que centrar nosso foco. Hoje foi o momento em que os candidatos foram introduzidos ao grande público. A TV é um elemento e tem seu charme, mas agora as mídias sociais e as tecnologias da informação conformam novos horizontes de difusão e contaminação de influências para o grande público. E nesse campo vazado que entraremos com munição pesada.

Pablo Guedes:
E como sabemos temos uma dessas famílias desses famigerados conglomerado midiáticos que vai sim fazer uma pesada campanha contra.

Marketeiro:
Que façam. Temos como através de nossos canais descredibilizar eles e reforçar nossos métodos. Mas, iremos precisar de alguns ajustes.

Eduardo:
Que tipos? Quais ajustes? Papai é perfeito como é.

Karlus Markus:
Mesmo com cheirinho, papi é papi.

Marketeiro:
O Bispo ofereceu os serviços deles, correto?

BozzonarUbu:
Claro. O bispo tá conosco, talquêi?

Marketeiro:
Para amenizar a imagem de sordidez que eles querem pintar do senhor vamos precisar de um tempo de TV para que a Michellete possa se apresentar ao público. A futura primeira-dama precisa cativar a audiência e aparecer com sua voz. Você vai aparecer como um pai de família e esposo carinhoso, generoso, cuidador.

BozzonarUbu:
Mas, isso vai ser mesmo necessário? Sei não, hein. Parece coisa de gente da Esquerda.

Michellete:
Ô, seu troglodita, escute o que ele está dizendo. Tem muito a ver sim. É propor uma imagem e criar uma impressão positiva.

Marketeiro:
Isso! E de preferência você vai precisar chorar em algum programa, falando sobre sua filha menor, a sua "fraquejada". Aparecer chorando segurando a filha, sabe como é... Temos que vender a imagem de uma estória de amor legítima entre um deputado e sua secretária. Uma estória que reestruturou sua vida com uma família nova. Uma estória que trouxe ao lume a vida de um deputado que enfrenta os fantasmas do comunismo e da falta de crença em Deu$. Salvador da alma e da pátria dos plazileiros.

Michellete:
(*como que para si mesma*)
Vou ter um programa só pra mim? Uau.

Marketeiro:
(*a Michellete*)
Iremos combinar toda a pauta do que você irá dizer.

Michellete:
(*chateada*)
Ah.

BozzonarUbu:
(*leva a mão ao intestino*)
Ai. (*grita*)

TODOS:
O que foi, Capitão?

BozzonarUbu:
Dores. Gases. Nervosismo. Bravata. Perda de privilégios. Imprensa. Comunismo. Gayzismo. Ideologia de Gênero. Esquerdismo. É culpa do BT! Tudo culpa do BT! O BT destruiu minha vida!

(*grita novamente*)

Marketeiro:
Mas, o que está acontecendo?

Michellete:
(*em voz baixa para o Marketeiro, em tom medroso*)
O candidato está doente. Tem C.A. Se não for tratado, poderá nem assumir.

(*Morrão e Pablo Guedes espiam e conseguem escutar, disfarçando - os olhos de Morrão brilha e um sorriso malicioso e discreto surge em seu rosto*)

Marketeiro:
Isso muda tudo, absolutamente tudo.

Michellete:

Tenho medo dele não conseguir suportar a pressão dos debates, das aparições públicas, da opinião pública manipulada pelos esquerdistas. Sabe como é a agenda de um candidato à presidência. É super pesada.

Marketeiro:

Mourrão!

(observa Mourrão vindo e retoma a fala para Michellete)

Não se preocupe. Já temos um plano. Mas, primeiro, o candidato vai ter que ir pessoalmente ao coração pulsante do seu maior eleitorado. E temos as forças de lá conosco. Precisamos fazer uma grande manifestação na Avenida Paunista.

Pablo Guedes:

Não soa nada mal.

Os Filhos:

Não mesmo.

BozzonarUbu:

O Morro vai poder ir?

Pablo Guedes:

É melhor não. Temos que parecer o menos ligado diretamente a ele possível.

Marketeiro:

Isso. Ninguém pode saber que você prometeu o Sinistério a ele, ainda. Eu mesmo vou ligar para o Orgiória. Vamos fazer um comício que vai dar o que falar.

General Mourrão:

Opa. Esse vai ser de danar sim, mas temos outro antes.

Marketeiro:
Outro? Não vi isso aqui na agenda de campanha.

Gen. Mourrão:
Sim. Temos. Em Juiz de Dentro.
(*esfregando as mãos*)
Mudança de agenda.

Marketeiro:
Nesse caso, ok. Então é para lá que iremos.

(*Todos da sala balançam a cabeça concordando com o Marketeiro*)

Gen. Mourrão:
(*baixinho, para BozzonarUbu*)
Você e alguns outros - que já sabem quem são - irão se reunir comigo mais tarde num local e hora que mandarei posteriormente naquele grupo secreto. Aguardem as informações.

(*Gen. Morrão sai*)

(*BozzonarUbu continua sentindo dores, só que menos agudas agora. Parece se recompor.*)

CENA 5

Marketeiro, Frávio, Karlos Markus, Eduardo BozzonarUbu, Dois Assessores, Equipe.

(QG da Companha – No montado Gabinete do Terror)

Marketeiro:

Vamos, Equipe, rápido. Temos que fazer essa avalanche de notícias compradas circular o mais rápido possível. Vamos. Vamos. É pra ontem!

Alguém da Equipe:

Mas, a gente sequer discutiu que notícias são essas...

Eduardo:

Ah, não há o que discutir.

Outro Alguém da Equipe:

Mas, os textos são curtos e sem qualquer fundamento.

Karlos Markus:

Eles são assim mesmo. No mais, ninguém quer saber de fonte nenhuma, rapá. Ninguém nesse país de analfabetos lê. Eles veem as figuras, os *memes*, as chamadas de notícia e compartilham. Essa é a Ordem, ok? E aqui quem manda sou eu e meus irmãos que pagamos seu salário, talquêi?

(Membros da equipe, envergonhados, assentem silenciosamente)

Marketeiro:

É uma coisa linda, não é? A ignorância é uma benção.

Frávio:

Com certeza!

Marketeiro:

Os grupos estão funcionando direitinho?

Equipe:

Humrum.

Marketeiro:

E os *bots*?

Equipe:

Humrum.

Filhos:
(entre eles)
Maravilha essa tecnologia, hein?

Marketeiro:
Vamos ao que interessa. Como está indo a propagação do vídeo-prova da existência da mamadeira de piroca?

(o tom de voz e gestuário da Equipe relembra os soldados numa guerra respondendo aos superiores)

Alguém da Equipe:
Uma maravilha, senhor!

Outro Alguém da Equipe:
Quatrocentézimos de visualizações e compartilhamentos em menos de dois minutos, senhor! Números ainda em contínuo aumento, senhor!

Eduardo:
(lendo devagar)
Se ele criou o Kit gay para crianças de 6 anos de idade como ministro da Educação de Polvo imagine a imoralidade que esse homem faria como presidente de nosso país. Contra um governo imoral e em favor do futuro e da segurança de nossas crianças Caggad você merece o meu desprezo. #EleJamais #BandidoBomÉBandidoMorto

(embasbacado)
Mais compartilhado do que água no deserto!

Marketeiro:
E do da possibilidade de fraude da urna eletrônica?

Alguém da Equipe:
Igualmente, senhor!

Karlos Markos:
Precisamos de algo que demonstre que existe violência e intolerância do lado deles. Procure alguma foto de idosa com marcas de violência! Rápido, rápido.

Marketeiro:
Perfeito!

Alguém da Equipe:
(*pesquisando*)
Achamos essa aqui. Podemos dizer que essa senhora é a atriz Beatriz Segall, como ela está morta, nem vai poder reclamar ou processar a campanha!

Eduardo:
Meu Deu$, como esses Betistas são escrotos, bando de gente mau-caráter, hein!! Agrediram a Segall?

Marketeiro:
É tudo fake! Mas se dissermos isso mil vezes...

Karlos Markus:
... torna-se verdade. E é isso o que importa no fim das contas – fazer uma lavagem cerebral nessa gente. Ter o domínio do condicionamento dos julgamentos e da percepção da realidade. E usar as paixões mais básicas como o ódio a nosso favor.

Eduardo:
Bingo! Gente, gente!! Olhem o Twitter de Orvalho de Caralho! Ele postou algo sobre a defesa de incesto num dos livros do Caggad. Retwit eterno pelos bots! Vamos jogar o nome deles na lama!

Marketeiro:
Vamos deixá-los tão confusos e desesperados para tentar desmentir, que a máquina de mentiras vai continuar produzindo e reproduzindo mais e mais e ninguém vai conseguir mais articular ou pensar em nada porque a coisa vai ser infinita, *kafktiana*. Bonito quando a máquina fica azeitada assim.

Frávio:
Isso tudo com o esquema de doação ilegal das empresas para a campanha? Tudo acobertado, né?

Marketeiro:
(*imitando o Chaves*)
Isso, isso, isso.

Frávio:
Tenho uma: Caggad pretende, em seu governo, legalizar a pedofilia! Sexo com meninas a partir de 12 anos deixaria de ser crime. Coloque alguma lei qualquer aí junto da imagem.

(*Equipe fazendo e mostrando. Os irmãos e o Marketeiro acatando.*)

Marketeiro:
Isso, com isso vamos influenciar as pessoas que tem preconceito sobre tais temas. Precisamos também forjar vídeos de celebridades apoiando BozzonarUbu. Já imaginaram o Rambo em apoio?

Eduardo:
E vídeos desmentindo as acusações feitas a ele, claro.

Frávio:
Papai nunca foi corrupto.

Karlos Markus:
Tudo de bom e mal que fez foi pela família. E o que se faz pela familícia se faz por Deu$ e pela pátria. O amor de um pai pelos filhos define os caminhos da santidade.

Agora: Atenção, atenção, não quero menos que 100.000 mensagens disparadas em cada grupo por dia, ok? Botem os *bots* para discutirem entre si, se apoiarem, criticarem e xingarem adversários. É assim que se faz democracia! Se xingarem de volta, manda ir pra Cubra!

Eduardo:
Eu sempre falo que a mídia é tendenciosa... pra esquerda. E que pelas redes a verdade chega ao eleitor, sem o filtro da esquerda.

Karlos Markus:
Com isso nem precisaríamos sequer de propaganda na TV.

Eduardo:
Nossa TV é a tela digital.

Frávio:
E assim influenciamos, moldamos a mentalidade anêmica da massa e ganhamos essa guerra.

Eduardo:
A melhor coisa é que não se pode debater com uma tela, né? É emocionante isso.

Karlos Markus:
Imagine se pudesse.

Frávio:
Não tenho essa capacidade.

Eduardo:
Ninguém tem. Imaginação é coisa de gente maluca e vagabunda.

Frávio:
Coisa de gente subversiva!

Eduardo:
Ou de idiotas. O melhor é ter dinheiro. Se você paga, os outros fazem. Nem precisa ter cérebro, e até você pode não ter mãos que milhares de mãos vão servir você.

Karlos Markus:
Dá no mesmo. Mas, concordo quanto ao dinheiro - nunca é de mais.

Marketeiro:
Temos que monopolizar os grupos que debatem política e dizer que nós detestamos os políticos partidários profissionais, com seus jargões e mentiras. Tudo demagogia. O povão tá cansado de demagogia.

Eduardo:
Temos é que expropriar a demagogia fazendo uma demagogia reversa. Tipo o racismo reverso, sacou? Tem sido difícil ser homem, hétero e branco nesse país. As mulheres nem querem mais depilar as pernas, o sovaco, receber cantadas.

Frávio:
Estão acabando com o romantismo. Como vão nascer crianças sem isso? Ciência? Pelo amor de Deu$. Isso é tudo invenção esquerdista. A terra nunca foi redonda. Mentira da porra. O guru Orvalho de Caralho já refutou isso. Assim como o uso de fetos humanos para adoçar refrigerantes.

Marketeiro:
Para além do *bots*, as pessoas estão tão cansadas que estão fazendo campanha voluntariamente.

Equipe:
Sim, isso é incrível!

Frávio:
Aquela coisa da ex do papai dizer que ele roubou um cofre de banco, digam que é boato e que ele é o autor da ação que foi arquivada e não o réu. Estão tentando desidratar a campanha de papai.

Eduardo:
Mas ela só ganha corpo, corpo, corpo.

Karlos Markus:
Crescendo que nem o elenco de Mercenários. Vocês viram aquela marcha lá das mulheres? Vamos saquear a página e dizer que foi a favor e não contra!

Eduardo:
Jogada de mestre!

Frávio:
Temos que comandar um ataque virtual para derrubar a página e a comunidade das mulheres contra papai, aproveitando o filão aí.

Karlos Markus:

Diremos que ela era uma página a favor que foi vendida para a Esquerda quando atingiu mais de um milhão de pessoas. Daí nós mesmos atacamos a página e mudamos o nome de *Contra* para *A Favor*.

Frávio:

Expulsamos as moderadoras e as ameaçamos.

Marketeiro:

Isso não parece meio excessivo, não?

Eduardo:

Homem, a gente paga e manda, você executa, sem perguntas. Fólou dé manei. Entendeu?

Marketeiro:

(*constrangido*)

Certo.

Karlos Markus:

Mas, ora. Temos que espalhar que as pesquisas são falsas. Que na verdade BozzonarUbu vai vencer no primeiro turno, mas a Esquerda quer mascarar isso e dizer que possui chances para tentar nos tirar votos. O voto dos indecisos.

Frávio:

Peguem vídeos de 2015, 2013 e façam parecer manifestações em favor do papai!

Marketeiro:

Isso complementa bem.

Karlos Markus:

Descredibilizem aquela "vadia" da vice do Caggad. Pau nela! Coloquem uma frase ateia e ímpia numa camiseta em alguma foto e disseminem.

Eduardo:

Isso vai pegar!

Karlos Markus:

Códigos das urnas eletrônicas entregues a benezueranos!

Eduardo:

Polvo é espião russo!

Frávio:

Devemos criar umas contra nós para acusarmos eles também.

Eduardo:

Caggad elogia a Benezuera!

Karlos Markus:

Caggad comemorou a queda das Torres Gêmeas em aula na universidade!

Frávio:

Quadrilha na Bahia tem ligações com Caggad.

Eduardo:

Urnas apreendidas com votos programados para Caggad!

Karlos Markus:

Funcionários utilizaram carros oficiais para campanha pro BT!

Frávio:
Empresa contratada pelo TSE tem ligação espúria com o BT!

Eduardo:
Rogério Águas foi comprado pelo BT com a Lei Ruaney!

(a luz no palco vai apagando enquanto eles continuam a jogar mais e mais notícias falsas)

CENA 6

BozzonarUbu, General Mourrão, Pablo Guedes, Marketeiro, Homem que Aparece de Costas.

(o encontro se dá na calada da noite em algum lugar muito escuro, como se fosse uma espécie de porão parecido com o lugar onde subversivos eram torturados)

(durante toda a conversa BozzonarUbu permanece calado, olhando com apreensão para o Homem, prostrado diante de si)

General Mourrão:
Então, é você o homem?

Homem:
(balança a cabeça)

Pablo Guedes:
Em sua ficha diz que você fez parte daquele outro partido. Por quanto tempo?

Homem:
(faz um gesto para Pablo Guedes, a platéia não vê)

Marketeiro:
Vai servir para muito bem para jogar a culpa no lado de lá. Criar uma ambiência para isso.

Gen. Mourrão:
Não se preocupe com nada, forneceremos todo o material e condições para que você faça o que foi combinado.

Homem:
(balança a cabeça afirmativamente)

Pablo Guedes:
Além disso, contamos com uma equipe de segurança que estará camuflada, mas por meio de alguns gestos a respeito dos quais você será instruído e treinado para reconhecer, a ação poderá se desenrolar e você será protegido para não ser esmagado logo depois pela multidão.

Homem:
(balança a cabeça afirmativamente)

Gen. Mourrão:
Também lhe daremos as coordenadas e o percurso que faremos. Você saberá o local exato onde deve acontecer.

Homem:
(balança a cabeça afirmativamente)

Pablo Guedes:
(para BozzonarUbu)
Capitão, mostre exatamente onde é o ponto.

BozzonarUbu:
(em silêncio, levanta a camisa e aponta para a região dos intestinos)

Gen. Mourrão:
Uma última coisa, antes de você ir... você acredita em Deu$?

Homem:
(balança a cabeça afirmativamente)

Gen. Mourrão:
Então coloque na cabeça uma coisa: foi Ele quem lhe pediu para fazê-lo.

Homem:
(não esboça gesto)

Gen. Mourrão:
Dispensado.

* Fim do 4º ATO *

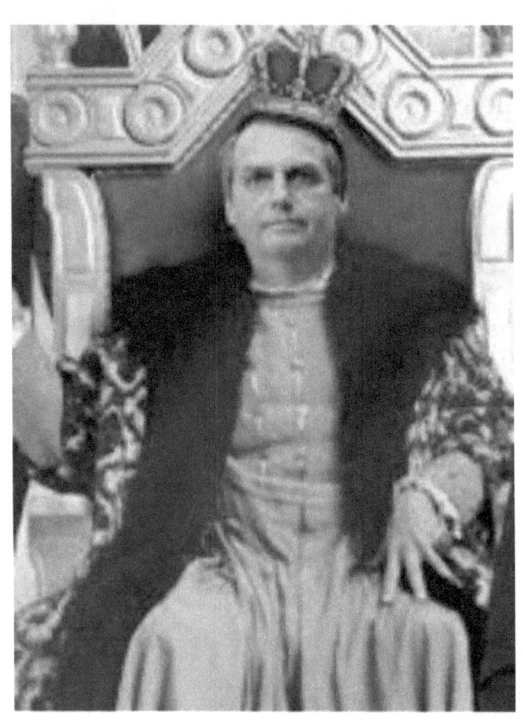

5º E ÚLTIMO ATO:

CENA 1
[previamente censurada pelo tom e conteúdo do discurso!]

BozzonarUbu, Homem não-Identificado, Michellete

(*Leito de hospital, BozzonarUbu encontra-se deitado com aparelhos ligados em seu corpo*)

(*O Homem caminha vagarosamente para o meio do palco. Possui um rosário na mão.*)

Homem Não-Identificado:
Tudo o que vocês viram hoje... gostaria de dizer que é tu
falsid   tão hipócrita e suj   ar a
         mais horrível verdade.
                        de maneira a se criar ilusão de
         rea   certo?

Afinal, isso é uma peça e quem a escreveu está cien

reações definidas, uma estrutura artística na qual seja possível
a história a se contar.

Mas, não poderia a
ser um pouco mais como uma tenta
bém mais
irracional?

Ela não poderia exagerar a realidade -
uma espécie de terror que goza do
absurdo   diante de nós com essa constância cortan
ixa desequilibrados   sem chão?   talvez essa
seja uma tese perigosa,   o artista é um
principalmente quando   se revolta e se ergue com
t   asco dian   coisas oficializ
mundo.

Nesse sentido,
a realidade opressora,   espécie de tanque
de guerra simbólic   ao âmago de tudo aquilo que
relata.   a própria experiência que
uma denúncia
mais ou menos   panorâmica a várias outras que já estão
aconte   do fragmentá   vendo nossa vi   da
figura?

rtura agora se dá a vá   ficados. E
essa facada nem sequer repres   o iceberg de uma morte
coletiva   celebrada, mais pregos no caix   acúmulo
excessivo de história qu   medonho processo de
releitura e ressignificação na qual estão sendo toma
nsciências e nos   apel ativo na dire   um retorno das coisas

abomináveis que tentamos, com zelo, indulgência e apreço,
modi   para uma expressão mais ampliada e corrigida.

É como se não fosse mais possível   melhorias na
humanidade geral - querem n   crer.

E com a mort
adas pela apuração documental do *modus operandi* de
formulação
modelamento cognitivo e comportamental, o tal do pont   ego
ficasse esc   ido o tempo int   o.

Mas, ná .

O p   to ceg   tá diante de todos nós,   cancarando. A superfície
não esconde   nada – antes escancara tu   !

O ponto cego   buraco invis   não saiu nem um
pingo de sangue.   cego é esse grito de dor
a criar a figura do ser martirizado, pers   do "injusta   ".

Isso   e não vim s, não   esentado aqui
esso de luz e escurid   ossa cara! - não
poderia simples
denotasse o lado pelo qual as câmeras liberadas o registraram.

Preferimos omitir aqui o ato principal p   os nós sabemos o
que aconteceu.

Ali (*aponta para BozzonarUbu*), está o "hom   " – seria isso um "homem?"
-, a caricatura   mito" fabric   m conglomerado de
forças poderosas e ocultas q   tem que o seu poder foi dimin
mento da capacidade de formação, de   iência crítica,
dade na observação, de prática de luta   cação histórica dos
acontecimentos.

Devido a isso,
elemento que gerou tanta comoção, burburinho e
dúvidas.

E   teorias.

As dúvidas sendo o carro-chefe para a arquitetura da realidade, ou
como o desd   dela - bastante suspeito - já e
, planejado, de modo   ertos fins.

E a política não seria muitas vezes   que os meios não
importam tanto quantos os fins?

Ali (*aponta para Michellete*) há uma mulher que   . Será esse
sabia de tudo ou não sabia?   ponto?

Por essa razão também preferimos   que havia sido
planejada deliberadamente   parcialmente
consciente,

Mas, muitas vezes pegamos a emoção de outros de
justificar e encaix   rrativa trágic
certo? Isso de certa   "terrível" como
ri   ente verdadeiro.

Ali está um hom   a, incapacitado para suas funções. Os
arquitetos de seus planos   um segundo e cont
executar e assegurar que o andamento das coisas
visto. São engenheiros das "novas narrativas",
ajustado   rcepção hipernomalizada.

Como militares tem certa tr   i ão e erudição estraté   as,   eto?

Que General, que Capitão iria a campo de batalha
          plano? Ele arriscaria o seu batalhão à morte a
                              u uma vontade louca vinda do
          acaso?

          Ora, meus especta   s,   am ingênuos.

   Afinal, mostramos durante a peça a encenação de toda essa
estruturação para um projeto de poder que se achava esm
      rimido pelas novas forças, que também n
                    tão inteligentes ou tão justas ou
               r de algumas boas intenções presentes.

          Ah, um olhar distanciado po   a nos ajudar.

Mas, como olhar tão longe   a lama nos afunda de tal
                          spirar ou mesmo   mover?

Aquela criatura ali, bem, pelo que temos visto, é capaz de tudo. De
   tudo para conseguir poder e mais po   poder é uma droga
viciante, sabiam? E
          levado a mártir num momento e   tragédia bem lhe
                          conviria.

   Pois não é que ele pôde assegurar uma boa desculpa para não se
"   m a máquina de triturar movida pela oposição? Nada
   como   sculpa médica. Estratégico, hein? Quem nunca
                                                   u mesmo
um atestado médico para justificar   o
          qual contavam com nossa impreterível presença?

   Ele não aparecia bem na TV sem alguma coisa preparada d
               tendência de perder a linh   controlado
por alguém mais esperto
   u Calcanhar De Aquiles. Nesse ponto foi u   rt

Einstein! Cercado por assessores, es   do a dedo quem o
entrevistar   falar, livraram-se de um baita
                    problemão!

A ironia era que   entregava aos adversários uma
    artilharia pesada contra si próprio,   sa
mesma artilharia num ponto de "genuidade" *antiestablishment* que o
                    estruturada em falácia, pois a vida prática lh
    cusa o contrário disso: puro fisiologism   gastado por velhos
                    háb   o Poder.

Aquele poder autocentrado da Elite   retrógrada, rica, que
sente falta d   contra os "outros", todas as vozes e
corp   valores, cultur   os de vida, de percepção do
mundo vivo. Es   am a História em   a justiça!

Um mundo forjado pela violência dos   iguais. O mundo
    etiquetado   coisas estão no lugar e jamais podem
mudar   . Nada de
imprevisto ou de novo poderá acontecer o   o
    Deu$ colhido e criado pelas Instituições assim determina.

"Deus tem um plano para todos",   dizem. "E se é ou foi ou será
    assim, é porque Deu$ quer e quis   ontade é eterna".

E estamos aqui essa   virando isso e revendo
    isso acontecer de novo e de novo
    pesadelo, mas dimensionado de maneira a   que se
                    move diante de vocês.

E seja quem for essa autora, ela pa   noites péssimas
lendo   náuseas enquanto escrevia e
            que eu aqui falo e que esses o   agens falam.

Te   rtido revendo a história recente p
rdidades? Teria rido com isso?
                provável.

Não há grandio   m no tema, nem nas personagens.
        a mesquinharia psíquica   jetas atitudes caricaturais
deles não se furtam bem às másca   triste, mas se
passa com as cor   formas morais e lógicas da realidade, por mais
que algumas coisas te
íntese sincopada de inúmeros eventos conectados
         em lapsos temporais diferentes.

Querer dizer que esse "cara"   ito", só porque ele admite
práticas tão arcaicas   icos e exploradores
sonegar impostos, usar dinheiro público para viajar   comer gente"?
Que o err   itadura foi ma   ouco? Que as famílias que
bu   ustiça pelos corpos das pessoas desap   são como cães
        ssos? Que toda execução p   da pelo Estado -
principalmente na época da   adura que, segundo ele   nca
existiu" - são execuçõ   as e legítimas? Que é necessária uma
guerra civil para mudar o país, mesmo q   orte de
inocentes? Que tortura funciona e deveria ser adotada?
surra corretiva contra "desvios sexuais" é eficiente e bem-v
ucação tem sua base e finali   ela violência?
Que a pandemia que mata na grande   oas pobres é
apenas uma "gripezi   ue a Ciência não possui nenhum
protagonismo para achar a solução? Afinal, que valor a vi   ossui
        para esse "hom   "?

Essas pessoas só buscam uma forjada desculpa "cabível" para destruir
e   vem democracia.
Uma democracia tão instável e

        coisa de "comunista". Fechar o Congresso, o

STF, destruir,   a Imprensa Livre,
     perseguir, intimidar, ameaçar,
adversários, livres-pensadores, artistas, pesquisadores. D
          iosos como sendo meros ideólogos ou pessoas financiad
     um aparelhamento ideológico vindo de
                                        cusar no outro tudo
aquilo que temos em nós como   sombra, no sentido
                         smo.

E o mais triste é que
               ponto baixo da história   de hoje.

   Estaremos conde   s a assistir isso de mãos atadas, submetidos a
        e horror de não podermos sequer sermos liv   armos
            outros a encontrarem sua próp   liberdade?

Confesso estar tão assustado e triste que me recuso até a ver até onde
            isso pode ir… ma   o mais.

   A cada dia a gente morre mais e mais. *"Que morte triste…"*

   Quando é que iremos despert   mático sono de morte?
    Q   irão deixar de bicar como abutres nossos corpos
o   belos como uma brisa no mar? Q
                                                        ue
alguém se comprometeri
                    ez defecar seu cérebro? Será essa bolsa
   de colostomia uma espécie de HD externo? Será
                    as sinapses? Será que a boca que fala é aquela
                    boca que não vemos?

          Ah, estou

(policial-segurança o enxerga e corre em sua direção e começa a espancá-lo, levando-o em em direção à saída do teatro)

Chega! Recu   papel que me   m! Torpe! Tudo is   é Golpe!
                    G   dos mai nefastos!
Que a história contin   sim fo   ando o fora daqui.

E sim, vou   ao boi, ao Mestre dos Gados, a Morte em
                p   soa: Jair   onaro!

(sai de cena)

CENA 2

BozzonarUbu, Michellete, Médico

(*continua a cena no leito de hospital*)

BozzonarUbu:
(*gemendo tendo pesadelos*)
Não! Não! Aaaaaahn. Não! Pelo General Ostra, não!

Michellete:
O que foi, paizinho? O que foi?

BozzonarUbu:
Não! Afasta de mim esse cá-li-ce. Nãaao! Por Adolf Mussolini! Não dê dinheiro do meu governo para essas ONGs. Aaaahhh. Não! Precisamos destruição a educação e os movimentos sociais!

Michellete:
Paizinho, acorda! É pesadelo?

BozzonarUbu:
Beijaço gayzista! Beijaço lesbicista! Travestis... Por todos os lados, vejo ativistas por todos os lados! Estou no meio da multidão sendo afogado por esses seres repugnantes. Eliminem essa raça. Cortem o mal pela raiz. Fora ensinamentos históricos nas Escolas! Fora! Marxismo es-cultural. Será que eles vão descobrir que eu leio Lênin escondido como um garoto de 13 anos pego no banheiro com uma edição da Playboy?

Michellete:
(*para platéia*)
Gente, juro que nunca vi esse homem lendo nada a não ser os discursos preparados para ele pela equipe. Ele tá mesmo delirando!

BozzonarUbu:
Prefiro um filho morto do que um filho pederasta marxista maconheiro chegando com um barbudo em casa. Nãaao. O Karlos Markus está tirando fotos gays com o seu primo! Aaah, me acordem desse pesadelo! Ah, pelo menos o primo não tem barba... Temos que entrar no Sinistério da Deseducação com um lança-chamas para tirar Fauno Freire de lá. Esse corruptor de menores!

Michellete:
Ai ai. Até que ele fica uma gracinha assim... delirando. Dá nem vontade que ele acorde...

BozzonarUbu:
Ninguém entende que estou apenas brincando. Brincando, porra! Mas, sério, prendam aquele negrinho ali e deem uma sova nele! Ele vai confessar tudo. Maldito quilombola maconheiro. Ostra, Ostra, é você? Você veio torturar comigo? Que honra! Que honra, meu herói!

Michellete:

Acho que ele sempre apreciou mais o papel de centurião romano...

BozzonarUbu:

Tem que voltar a ser cédula de papel, é mais fácil embuchar assim. É mais fácil. Temos mais controle de quem tá votando na gente e sabemos o que fazer melhor com quem não votar.

Michellete:

(*tapando o nariz*)

Gente, como é possível ter esse cocô numa bolsinha e ainda peidar por dois lugares ao mesmo tempo? E peidar dormindo nessas condições? Ou será a Bolsa?

BozzonarUbu:

O que é o STF? Um bando de vagabundos ditadores. Se quiser fechar o STF, sabe o que você faz? Não precisa mandar nem um jipe, manda um soldado e um cabo. Não é querer desmerecer o soldado e o cabo. O que é que é o STF? Tira o poder da caneta de um ministro do STF, o que ele é na rua? Se você prender um ministro do STF, acha que vai ter uma manifestação popular a favor dos ministros do STF? Não vamos demarcar nem um centímetro a mais de terras indígenas. Malditos médicos cubranos, vão sair do nosso país, seus comunistas, terroristas militantes infiltrados!

Michellete:

Ai ai.

(*Momento de silêncio. Gradativamente BozzonarUbu vai acordando.*)

BozzonarUbu:

Mulher, você está aí?

Michellete:

Estou sim, Bozzonarubuzinho. O que aconteceu?

BozzonarUbu:

O que aconteceu? Eu estava tendo pesadelos, mas depois ficou bom, como um sonho. Corpos no chão. Gays mortos. Travestis. Vagabundos. Comunistas. Ativistas. Jornalistas. Artistas. Chargistas,. Estudantes. Intelectuais. Toda essa raça destruída, finalmente.

Michellete:

E foi?

BozzonarUbu:

Achei que estávamos quase lá... Eu falei alguma coisa?

Michellete:

Hmmm... nada que eu tenha registrado. Ficou murmurando, mas não consegui entender.

(médico entra de repente. A voz normal de BozzonarUbu passa a ficar mais cansada e gasta, como convém a um interno recém-cirurgiado)

BozzonarUbu:

(voz arrastada e sofrível)
Doutor? Foi um sucesso nosso procedimento?

Médico:

Sim, vamos avançar com o tratamento, Capitão. Procure evitar falar, apenas o necessário. Você precisa descansar. Quanto mais descansado mais cedo poderá ter alta.

BozzonarUbu:
Tudo bem, Doutor.

Médico:
Até mais ver, senhorita. Com licença.

(*Médico sai do quarto*)

Michellete:
E agora? Pergunto-me o que será.

(*BozzonarUbu apenas a olha em silêncio, e dá um leve sorriso disfarçado.*)

CENA 3

BozzonarUbu, Repórter, Cinegratografista, Enfermeiro, Marketeiro

(leito do hospital)

(BozzonarUbu, mesmo fragilizado, ensaia um sorriso enquanto faz o gesto da arminha.)

Repórter:
Essa é a sua primeira entrevista desde sua alta médica, imagino que todo plazileiro nesse instante, independentemente da opção político partidária, quer saber como está o estado de saúde do homem Cair BozzonarUbu numa semana tão decisiva. Qual é o seu estado de saúde agora, candidato?

BozzonarUbu:
Primeiro, né, eu só tomei pé da gravidade do atentado dois dias depois do mesmo. Eu não sabia o que tava acontecendo. Costumo dizer que Juiz de Dentro não foi onde levei uma facada, foi onde eu

nasci de novo. Então meu eterno agradecimento aos médicos da Santa Casa de Juiz de Dentro. Fui então para o Alberto Einstein em Cáo Pablo e uma semana depois fui submetido a uma nova cirurgia tendo em vista o quadro infeccioso que se aproximava porque a agressão ela cortou muita coisa de mim e... uma das coisas muito graves, cortou o intestino grosso, onde se espalhou fezes por todo o organismo. Então o problema de infecção generalizada se fazia presente. Foram momentos difíceis, não esperava estar nessa situação. Inda mais que sou um homem de combate, gosto de estar na rua, conversando com o povo, desembarcando em aeroportos, fazendo palestras... gosto de ação. E de repente não são recomendações, são determinações médicas para que eu respeitasse os limites do meu corpo.

Repórter:
Neste momento, candidato, como você se sente?

BozzonarUbu:
Nas condições em que tudo aconteceu, eu me sinto bem. Foi recomendado não falar mais que 15 minutos tanto é que quando chegar nisso vamos parar para dar uma descansada meia-hora e voltamos a conversar.

Repórter:
Tá bem. Tá bem.

BozzonarUbu:
Sinto-me bem gratificado, feliz por ser uma opção de verdade contra tudo o que vem acontecendo no Plazil nos últimos anos, em especial no combate à corrupção e a invasão do comunismo. Não podemos deixar que um partido que mergulhou o Plazil na mais profunda crise ética, moral e econômica volte ao poder com as mesmas personalidades. E aí você pode ver, tudo é conduzido de dentro da cadeia pelo senhor Polvo que indica aí um fantoche seu chamado Caggad, que por incompetência sequer conseguiu passar para o

segundo turno na sua reeleição para prefeito em Cão Pablo. Então me sinto feliz por ser um candidato conservador que respeita a família, quer fazer negócio com o mundo sem o viés ideológico, que quer jogar pesado na cuestão da violência, até pra trazer um pouco de paz à sociedade, em especial às mulheres que vivem aflitas se seus filhos voltarão em paz ao término da faculdade, voltando pra casa do trabalho ou de um evento qualquer. Vamos, por fim, recuperar o nosso Plazil.

Repórter:

Essa entrevista também é a primeira depois da conclusão de um inquérito policial sobre o que aconteceu em Juiz de Dentro. A polícia federal e o ministério público acreditam que você foi vítima de um atentado movido por motivação política e com premeditação. O senhor já disse que não acredita que ele agiu sozinho. Agora, olhando pra trás, quase um mês depois, que conclusões o senhor tira daquilo tudo?

BozzonarUbu:

Nessa equipe que investiga tem muita gente isenta e outros que são simpáticos à minha causa. Então, não quero precipitar nenhuma declaração nesse sentido. A própria tentativa no dia do evento, 6 de setembro, de alguém tentar entrar na câmara dos deputados com o nome do agressor seria um álibi se ele consegue naquele tumulto cometer tal ato e sumir ele teria um álibi poderosíssimo dizendo que esteve na câmara dos deputados.

Repórter:

O senhor descobriu isso ainda no hospital?

BozzonarUbu:

É, chegou a meu conhecimento quando estive no hospital.

Repórter:

Que reação o senhor teve a isso?

BozzonarUbu:

Eu não tive nenhuma reação. Não queremos fabricar um responsável ou culpar esse ou esse partido ou grupo ideológico (*tosse*) queremos buscar a verdade e sinto que não se tem muita dificuldade de chegar à verdade. Até porque um ato como esse não pode partir de uma cabeça de forma isolada, até o seu depoimento ele foi muito contraditório em vários momentos. A polícia civil também faz um trabalho paralelo em Juiz de Dentro. Espero brevemente ter uma resposta pra isso. Eu sou acusado de disseminar o ódio, e quem leva a facada sou eu.

Repórter:

Justamente nesse aspecto, na denúncia os procuradores disseram que esse também foi um atentado à democracia. O senhor que sentiu na pele esse atentado é visto pelos adversários como alguém que não respeita a democracia, não respeita a Constituição. Como é que o senhor responde a essa acusação?

BozzonarUbu:

Eu não respeito onde? Dizem que eu ataco negros. Onde você tem um vídeo ou áudio meu atacando negros? O meu sogro é o Paulo Negão. Minha filha tem sangue negro em suas veias. Como pode alguém que integrou o Merdército Plazileiro ser racista? Assim como diz que eu ataco mulheres. Onde tem um áudio meu atacando mulheres, a não ser um vídeo meu atacando a deputada Maria do Romário em que ela estava defendendo que um homicida e estuprador menor de idade fosse punido à luz do Estatuto da Criança e do Aborrescente? Eu sempre lutei pela diminuição da menoridade penal. Naquele momento ela me chama de estuprador. Peraê, o que é isso? Um tempo atrás fui acusado de perseguir nordestinos. Como se meu sogro é de Crateus? A minha filha tem sangue nordestino em suas veias. A que mais me afeta é a de que sou homofóbico. Quando inventaram, quando "descobriram" que eu sou homofóbico? Descobri em 2010 um plano do governo de "ao combater a homofobia", segundo eles, nas escolas de ensino fundamental, ou seja, incentivar criancinhas na idade a partir de seis anos de idade a assistir filmes de meninos se beijando, de meninas se acariciando. Qual o pai, mesmo que seja gay, quer isso em sala de aula? Jamais agredi um homossexual. Não sou homofóbico. Esses rótulos jogam em cima de mim, por quê? Não pode me chamar de corrupto. Um dos grandes problemas do Plazil é a corrupção. E não tem como me atacar. Fui o único deputado que não foi comprado pelo BT. Não podemos ter líderes parlamentares que na verdade funcionam como líderes sindicais.

(nesse momento um enfermeiro interrompe)

Enfermeiro:
Deputado, vamos dar uma pausa.

BozzonarUbu:
Vamos.

(pega um copo de água)

(tempo em silêncio)

*(Enfermeiro verifica a bolsa de colostomia, que está cheio de uma substância rançosa marrom-
amarelada)*

Enfermeiro:
Com licença. Temos de trocar isso.

(BozzonarUbu sai de cena por um momento)

(Silêncio)

(Alguns minutos depois retornam)

Repórter:

Permita-me retomar o que falamos nesse primeiro bloco da entrevista, sobre os rótulos. Nesse momento, as duas outras campanhas à frente têm combatido o que chamam de *fake news*, *(BozzonarUbu faz cara de desconforto e desagrado)* sobretudo em aplicativos de trocas de mensagens. Todas as duas campanhas têm sofrido com isso. O que o senhor tem feito e como tem combatido essas notícias falsas?

BozzonarUbu:

Nós temos as redes sociais que há anos nos alimentamos com verdade. Então temos um exército de seguidores que acreditam no que nós postamos. Por exemplo, o governador do BT agora no Nordeste passou espalhando que vou acabar com o Bolsa Milícia. Oi? Ele faz isso em todas as eleições. E nós combatemos isso. Lógico que é duro você combater o que eles vão com todos os militantes pregando isso aí. Mas em toda parte temos sucesso em combater essas *fake news*.

Repórter:

Mas, do seu lado, os seus seguidores não podem estar espalhando notícias falsas?

(visiveknente incomodado)

Eu não tenho controle sobre milhões de pessoas que me seguem. Quando um seguidor meu extrapola a culpa cai em cima de mim como se eu fosse um capitão e tivesse uma tropa exatamente para cumprir aquilo que eu falo. Agora, pro lado de lá, nós não pregamos *fake news*.

Repórter:

O senhor deve estar acompanhando um movimento intitulado "Ele Não". E sua assessoria deve ter percebido também que depois do movimento de certa maneira o senhor até subiu nas pesquisas de intenção de voto. Que avaliação o senhor faz desse contexto?

BozzonarUbu:

Olha você tem que ver quem estava no Movimento Ele Não: artistas que há muito vem mamando na Lei UauNey. Não tem quem não esteja no Ele Não que não esteja na Lei UauNey. A Lei UauNey é importante para o artista raiz, o artista sertanejo, aquele que traz consigo a cultura plazileira. E não peças ruins e de mal gosto como essa aqui em que estamos.

Repórter:

O que você acredita que mesmo depois dele ainda subiu nas pesquisas?

BozzonarUbu:

É que o outro lado, que é a maioria, vê quem é que tá me atacando, talquêi? E ao ver já faz uma análise imediata - que faço e propago nas minhas *lives* - que eles estão errados e nós estamos certos. Será que eu sou tão mal assim? Eu quero o mal de todo mundo? Mulheres, negros, anões, travestis, saltimbancos, múmias, cadáveres, sadomasoquistas, ladrões, místicos sem fé, presidiários, nordestinos, otakus, pobres? Eles não podem me chamam de corrupto. Sempre preguei a união num mesmo coração verde-vômito e amarelo-cocô.

Estive em Israel, no Japão. Olha o que eles têm: não tem nada. Olha o que eles são: eles são tudo, são o Primeiro Mundo. Olha o que a gente tem: nós temos tudo. Olha o que nós somos: não somos nada.

(novamente o enfermeiro interrompe e pede nova pausa. Dessa vez fica a dois passos de BozzonarUbu)

Repórter:
Retomemos o papo, agora sobre criminalidade e também corrupção. A respeito desse segundo assunto recentemente o Juiz Brejo Morro deu publicidade à delação do ex-ministro Antônio Paloff. Que impacto você acha que essas delações terão na urna, no voto?

BozzonarUbu:
Sempre há um impacto. O Paloff, antes mesmo de qualquer delação, ele já vinha colaborando, ele fora um homem muito próximo do governo, ele conta as entranhas do poder. Não tem como ele não fugir da verdade. E ele quer colaborar e vem colaborando. Então, parabéns ao Paloff, né? Ele mesmo diz, na última campanha da Kilma Roucéfalo ele gastou em torno de um bilhão e meio de reais. E quase um bilhão foi caixa 2. Fala de contratos de publicidade com a PretoBrás, fala um montão de coisa. Agora a corrupção está colada no BT. Não tem como desvincular o que acontece na corrupção do BT. O BT não deu certo, é um partido que traiu os trabalhadores. Traiu todo mundo. É um partido que tem um projeto de poder. O próprio Josué Birceu disse há pouco, ele disse. "Nós vamos assumir o poder", que é diferente de ganhar uma eleição. Ou seja, ele fala também em tirar poderes do Supremo Tribunal Federal. Nós pensamos e agimos diferentemente do BT.

Repórter:
Se o senhor ganhar as eleições, o senhor não terá um projeto de poder?

BozzonarUbu:

Imagina! (*tosse*) Não, não pensamos nisso em hipótese nenhuma. Até porque ser presidente do Plazil com tantos problemas, eu sei da irresponsabilidade, de como será minha vida nesses próximos vinte e um anos. Mais grave que a corrupção é a cuestão ideológica. Esses jovens universotários, eu não sei o que tem na cabeça. Com ações, com atos que não condiz com aquilo que está se formando. Que nossas universidades não formam mais escravos para o mercado de trabalho, mas militudos. Devemos acabar com issaí. Até hoje o BT defende o regime de Verduro como defendia o regime de Kiko. Nós devemos nos afastar da Benezuera. Temos que dar um pé no traseiro do socialismo, do comunismo. Não podemos admitir essa ideologia em nosso Plazil, arrassando com as nossas futuras forças de trabalho. Será o fim de nossa pátriOstra se o BT conseguir chegar ao poder. Lamento, vou respeitar o resultado das eleições. O BT todo mundo já conhece o que é, com Zé Birceu voltando ao poder. Comigo, serei um capitão a serviço do Desumano Pai Plazil.

Repórter:

Uma última pergunta... estamos a três dias das eleições e o senhor, eu sei, acredita que vence no primeiro turno - aliás, no momento agora está acontecendo um debate com os outros candidatos em outra emissora - mas, se isso não acontecer, quem você acha que enfrenta num provável segundo turno?

BozzonarUbu:

Olha, as pesquisas... todo mundo desconfia no Plazil. O Plazil é um país em que não se acredita em quase nada, infelizmente. Mas, vamos partir do princípio de que as pesquisas são essas que estão aí. Não fugiremos do candidato do BT (*quebrando a quarta parede:* PEGADINHA DO MALANDRO! RÁ!), mas, não será nós contra ele, será o Plazil que quer mudanças, o Plazil que não quer mais corrupção, o Plazil que quer que criança seja respeitada em sala de aula - principalmente se não houver salas e for educada via *home-*

schooling -, o Plazil que acredita na milícia, o Plazil que respeita as religiões - se for católica ou evangélica, claro - o Plazil que quer se submeter aos Estados Unidos, um Plazil que quer armar seus cidadãos de bem. Muita coisa eu não entendo - não entendo mesmo, então nem me pergunte nem debata comigo, talquêi?

Repórter:
Quero agradecer por você ter me concedido essa entrevista.

(*Enfermeiro os escolta - Repórter e Cinegratografista - para fora do recinto. O Marketeiro entra.*)

Marketeiro:
E aí, como foi?

(BozzonarUbu *olha sombriamente para ele*)

Marketeiro:
(*esfregando as mãos - em tom baixo*)
Excelente… excelente....

CENA 4

BozzonarUbu, Michellete, General Mourrão, Pablo Guedes, Marketeiro, Equipe

(Depois da alta, BozzonarUbu retorna para casa, onde participa de uma reunião com sua equipe tendo como pauta a nova estratégia de seguimento da campanha)

Michellete:
Boa tarde a todos. Sinto-me feliz em recebê-los em casa. O Cair nesse momento está em descanso, mas logo ele aparecerá para participar durante breve momento.

Gen. Mourrão:
Como vice-presidente de Chapa coloco-me aqui na cabeceira desta mesa para podermos abrir os trabalhos relativos à reunião de campanha. Marketeiro, por favor, repasse-nos os informes.

Marketeiro:

Certamente, General Mourrão. A resposta que temos obtido desde o atentado é o crescimento cada vez mais vertiginoso da quantidade de declarações de apoio e voto para o BozzonarUbu. As hashtags associadas ao seu nome e à candidatura são as que são mais pesquisadas, comentadas e difundidas em todas as redes sociais. É histórico! O número de seguidores mais do que quintuplicou. Nos grupos de *WhatsApp* nem se fala. Já há milhares de novos grupos e inclusive os grupos de família estão se convertendo em verdadeiros massacres políticos contra os vermelhos. O clima de temperatura e tensão estão tão elevados e o sentimento de rejeição ao BT e à esquerda no geral andam tão em alta que muitos de nossos seguidores sequer admitem a ideia do "mito" dando ouvido às desculpas esfarrapadas deles.

Pablo Guedes:

Mesmo?

Marketeiro:

Sim. A cada dia recebemos milhares de mensagens com orações e desejos de boa recuperação, correntes de todos os tipos, junto a elogios e sugestões de não participar mais em nada junto com os "vermelhos".

Gen. Mourrão:

Então a nossa fuga dos debates e do confronto de propostas está legitimada pelo próprio público. Que maravilha! É quase como sair na rua com faixas pedindo por Intervenção Militar!

Pablo Guedes:

Ô loko! É bem isso mesmo. E tem gente que ainda acredita em democracia. Pode isso? No mais, o que é um peido para quem está colostomizado?

TODOS:
(gargalham)

Pablo Guedes:
A democracia é uma máscara maravilhosa para os desmandos unilaterais do Capital, amigos. Nós somos os tradutores fidedignos da mensagem e da ordem. A ordem vem, passa por nós, e nós a realizamos por meio da mentira e da simulação social. E depois retornamos ao público uma ou outra migalha para manter o humilhante vínculo de dependência.

Gen. Mourrão:
Não há nada mais poderoso do que a dissonância cognitiva alimentada pelo completo controle mental.

Marketeiro:
As pessoas interpretam duas ou três coisas que são diferentes numa associação que resume a "diferença" do BozzonarUbu, por meio das técnicas da repetição obsessiva, da cooptação das evidências como falsificação engendrada no outro lado e o sentimento de vazio deixado pela decepção e ruína propiciados pelo jogo político viciado. O atentado e o afastamento do jogo oficializado dentro do meio campo midiático controlado pelos grupos que estão tentando prejudicar se somam também nisso. Uma estratégica equação de caos! Como a mídia nos persegue, o melhor é não cair como vítima dela e através desse afastamento - e com o uso de tecnologias privadas - fazer o corpo-a-corpo político pela transmissão de *wi-fi* e telas. É o futuro. Eis a política do futuro *a la Big Brother*.

Pablo Guedes:
O argumento do revezamento do poder também pesou bem.

Marketeiro:
Sem dúvidas.

Pablo Guedes:
Quer dizer que agora vamos atacar e dar seguimento aos processos eleitorais por meio de telas, câmeras e celulares? Dispositivos eletrônicos?

Marketeiro:
Primordialmente, sim. A comitiva presencial, claro, vai ter que continuar atuando do mesmo jeito e justificando a ausência física do candidato. Você, Morrão, os meninos, a Michellete...

Gen. Mourrão:
"Meninos". E da tela o capitão vai dar os comandos? É isso?

Marketeiro:
Exatamente. Protegido contra tudo e contra todos.

Gen. Mourrão:
Parece filme de ficção científica. Daqueles sobre distopias contemporâneas. "Black Mirror" ou sei lá o quê.

Marketeiro:
Até que para um General do Merdército o senhor tá muito por dentro do que os jovens assistem, hein?

Gen. Mourrão:
Mas é claro, é necessário... temos que dialogar, não é mesmo? Para o convencimento deve existir o precedente do espaço de diálogo.

Marketeiro:
Chocado como o General mudou. Bem... mudando de assunto... o último e maior comício vai ocorrer amanhã em Cão Pablo e tem que ser o ponto alto da corrida eleitoral.

(nesse momento Michellete entra apoiando BozzonarUbu no ombro de um lado e Frávio BozzonarUbu entra apoiando o outro lado. Silêncio no ambiente até que o candidato se manifeste.)

BozzonarUbu:

(faz a arminha com a mão)

Meus queridos cúmplices de conspiração, tenho acompanhado o excelente serviço de vocês à campanha e consequentemente, à patriOstra Plazil. Amanhã teremos o nosso último compromisso formal da campanha, mas não significa que não estaremos agindo nas sombras onde tudo se decide, afinal, vamos vencer pelas urnas ou apesar das urbans - pela manipulação das mesmas! Foda-se tudo isso aí de democracia representativa, talquêi? Acho que talvez até nem precisemos disso, uma vez que as opiniões em meu favor estão mais fortalecidas e até os indecisos, graças a maquinaria eterna de fabricação das *fake news* – o Gabinete do Terror de meu filho Zero Dois - e as mensagens engatilhadas... Como também, aliás, ao que me ocorreu, cativando e emocionando os tolos corações plazileiros no melhor estilo 11 de setembro ou no melhor estilo atentado kennediano, nosso campo está muito mais fortalecido. Não é mais mera especulação.

TODOS:
Viva!!

Pablo Guedes:
Jogada de mestre no tabuleiro das possibilidades sinistras!

Marketeiro:
Obrigado...

BozzonarUbu:
(visivelmente enervado)
Obrigado é o caralho. A idéia foi toda minha! Minha e somente minha, talquêi?

Marketeiro:
(acanhado)
Claro, claro. Me desculpe, candidato.

BozzonarUbu:
(segurando no lugar em que tomou a "facada")
E os preparativos para amanhã na Av. Pablista?

Marketeiro:
Tudo em perfeita ordem, capitão! Ou melhor... *(pronunciando com ênfase)* Presidente-Rei! Nosso líder! Mandamos instalar um telão de 100x500m! E o mais poderoso e rápido sistema de transmissão de áudio e imagem. Vai ser a maior transmissão "caseira" da história! Faremos os devidos testes para garantia algumas horas antes, então, não se preocupe. Os melhores profissionais e tecnólogos do mundo estão envolvidos na empreitada.

BozzonarUbu:
Nossa "revolução" vai ser WhatsAppiada, sim!

Gen. Mourrão:
É de se imaginar se Hitler pudesse ter acesso a essas tecnologias em 1933 ou antes.

(baixo, para BozzonarUbu:)
Nossos seguidores já estão massacrando vermelhos, gays e mulheres desobedientes e "politizadas" em todo o país. Está acontecendo a limpeza, capitão.

BozzonarUbu:
(*com um sorriso no rosto*)
Hitler é fichinha.

(*para Morrão, no mesmo tom usado:*)
Quanto ao resto, as mãos não são minhas, então, tá tudo ok. Vamos lhes assegurar retaguarda jurídica. Pegue os nomes e iremos condecorá-los. Fazem bem o serviço à patriOstra.

(*depois de um momento, complementa:*)
Lembre-se de tornar sigilosas as informações e dados assim que assumirmos. Transparência é o caralho.

Gen. Mourrão:
Considere feito.

BozzonarUbu:
Vamos acabar com tudo isso aí! Essas universidades mesmo... tem que acabar! Fábricas de militudos! No lugar disso temos que construir e abrir institutos técnicos, escolas religiosas e militares, *homeschooling* e o ensino à distância - nenhum centavo para essas pesquisas pseudocientíficas capitaneadas pelos esquerdopatas, pela oposição, pelo pensamento crítico. Pobre tem que morrer escravo e ignorante, varrendo o chão por onde nossa elite pisa! Vamos doutrinar essas crianças desde pequenos a obediência e temor às autoridades. Só assim não precisaremos gastar balas com esses vagabundos.

Michellete:
Meu paizinho nunca falou tão bonito...

BozzonarUbu:
E mulher tem que ganhar menos porque engravida.

Michellete:
… ou quase.

BozzonarUbu:
O discurso de amanhã já está pronto?

Marketeiro:
Sim. Tudo nos trinques. Será o maior público esperado da campanha até então. Tive que trabalhar cada sentencinha dele.

BozzonarUbu:
Passe-me ainda hoje, talquêi?

Marketeiro:
Certamente. Com licença, candidato...

(sai de cena, seguido por Gen. Mourrão e Pablo Guedes).

(Michellete caminha até ele e lhe dá um beijo terno no rosto, abraçando-o.)

Michellete:
No que você está não-pensando?

BozzonarUbu:
Estou não-pensando nas alterações que farei no discurso de amanhã. É agora ou nunca.

CENA 5

BozzonarUbu (por meio de uma tela), Eduardo BozzonarUbu, Gen. Mourrão, Marketeiro, Alexandre Broca, Orgiówill, Pablo Guedes, Filhos, Michellete, Gen. Augusleno, Investidores, Bots e demais partidários.

(Av. Paunista. Personagens se encontram em cima de um carro de som cercado por acólitos, fanáticos e uma massa bovina sem cabeça)

Eduardo:
Boa tarde, paunistanos! Boa tarde, Plazil!

É uma honra estarmos aqui hoje, na véspera da maior mudança de nossas vidas, na maior mudança política e econômica na história desse país. Podem rasgar os capítulos que foram escritos sob o governo do BT, dos vermelhos, de todos esses vagabundos e corruptos que destruíram a nação e os sonhos de milhões de plazileiros.

Na nossa nova história não vai ter ditadura gayzista não! Na nossa nova história essa gente aí vai reaprender o seu lugar. Aqui feminista não vai ter vez não. Umbandista não vai ter vez não. Negro não vai ter vez não. Onguista não vai ter vez não! Intelectual e estudante não vai ter lugar não! Vagabundo nenhum vai ter vez.

São essas pessoas ignorantes que, como diz o guru Orvalho de Caralho, mantém os planos do Foro de Cão Pablo, comunistas conspiradores comedores de criancinhas.

Hoje estamos aqui não apenas virando, mas rasgando as páginas da História. Rasgando e jogando no lixo, que é o seu lugar de merecimento.

Calma, meus queridos. Calma. Segurem as lágrimas e mugidos! Vocês vão ouvir em breve o futuro Presidente-Rei do Plazil, Cair BozzonarUbu. Este é apenas o esquenta. Tem ainda algumas pessoas hoje para falar pra vocês.

Cês estão vendo esse telão aí? Essa TV de plasma gigante? Sentiram a pressão? É por ela que o nosso Capitão-Presidente-Rei vai discursar. O maior discurso histórico de nossa campanha. Mas, antes, vou passar a palavra para os demais companheiros da chapa. Com vocês, o Vice-Presidente-Rei, General Armilton Mourrão!

(todos aplaudem, Gen. Mourrão de aproxima do microfone)

Gen. Mourrão:

Povo do meu Plazil. Paunistanos aqui presentes. Paunistanos que nos acompanham pelas redes sociais e *dumbphones*. Família tradicional plazileira. Demais famílias. Lacaios de todos os tipos.

Não vou tomar muito tempo de vocês, mas tenho uma mensagem a passar. Nesse momento nossa pátriOstra encontra-se ameaçada.

A pátriOstra tem que ser defendida. Às vezes de uma ameaça externa, às vezes dela mesma. O Merdército no século vinte enfrentou por três vezes a tentativa do movimento comunista internacional de se assenhorar e implantar aqui no país um regime que não era o que desejávamos. O Merdército foi claramente o instrumento da nação para impedir que a nação fosse comunizada. A salvaguarda do Poder e da Constituição. Foi isso que ocorreu.

Estamos hoje aqui como uma alternativa e profilaxia a respeito do comunismo. E não apenas disso, mas da superação de nossa constituição psicossocial tri-racial: a ibérica, de que todo mundo quer se dar bem - o privilégio; a indígena - da indolência - e a negra - da malemolência e malandragem e da magia. Nós iremos formar uma sociedade com base numa nova aliança, com base numa reestruturação familiar voltada ao modelo conservador e autoritário, de viés religioso. Os filhos devem estar formados e submissos à reprodução idêntica dos modos de vida e da visão de mundo do pai.

Esses dias estivemos reunidos junto com o economista e nosso mentor Pablo Guedes discutindo caminhos e propostas para o mercado e a arrecadação. Discutimos a reforma da Previdência, a Reforma Tributária. Recriaremos a CPMF. Temos feito boas rodadas de conversa com o mercado. Nossa economia vai voltar a girar, não se preocupem.

Precisamos de vossas esperanças depositadas amanhã nas urnas. Sou um servidor da pátriOstra junto com outro servidor da pátriOstra.

Nós vemos e sabemos quais são os problemas. E seremos a solução de todos eles.

Muito obrigado e votem na chapa BozzonarUbu-Morrão! Plazil acima de tudo, Deu$ acima de poucos!

(cede espaço no púlpito que logo é ocupado por Frávio)

Frávio:
(no pior estilo animador de platéia)
Quem quer ouvir o discurso do BozzonarUbu aí? Quem quer ouvir o discurso do BozzonarUbu aí? Eu escutei um "muu"?

Calma, gente. Nossa equipe está testando os equipamentos de transmissão para que o discurso possa chegar até nós aqui da melhor maneira, sem qualquer interrupção ou problema técnico. Estamos nos corres, mas vai dar tudo certo, talquêi?

Estamos há um bom tempo nessa campanha, não é? É com muito orgulho que agradeço a Deu$, à Igreja, ao país, a todos vocês. Nada disso seria possível sem esse apoio popular.

Não vou me repetir aqui, pois também estou curioso para assistir o que meu pai vai nos dizer hoje. O futuro Presidente-Rei logo menos vai aparecer para vocês e nos passar aquela mensagem da vitória.

Quero também convocar aqui para dar uma palavrinha ao meu irmão, também candidato a Deputado por esta cidade, Deputado Eduardo BozzonarUbu! Uma salva de palmas para ele!

Eduardo:
Muito obrigado, meu irmão mais velho! Zero Um, como chamamos em casa.

Boa tarde, Avenida Paunista!

Vocês querem eleger um presidente submisso ao Foro de Cão Pablo? A gente quer é a união. A união dos iguais. Só nós aqui do clã BozzonarUbu sabemos como é que é. Já tomamos purpurinada, ovada, cusparada e até "facada", quem é que são os intolerantes? Esses artistas que estão do outro lado estão dizendo que estão do lado da democracia e que a gente quer ditadura. Estamos cansados disso. Nós somos os mais tolerantes, e é por isso que eles fazem o que fazem conosco. Nós amamos uns aos outros. Nós somos parte dos seguidores da Igreja. Nós queremos a união. A gente não dividiu o Plazil entre negro e branco, entre gay e hétero, entre rico e pobre não. Todos nós somos plazileiros. Enquanto eles dividem a nossa sociedade, saibam que eles têm feito o seguinte: um político safado que tem dito que é o professor do negro, o professor dos gays e o professor das mulheres. Mulheres, vocês precisam que a Maria do Romário defenda vocês? Vocês querem que Caggad seja presidente? Um incompetente vai voltar a ser o Ministro da Fazenda para pegar o nosso dinheiro do BNDES para mandar pra Cubra. Pra mandar pra Nicarégua.

PelamordeDeu$, gente. Nunca. Nunca foi tão fácil votar na vida. Obedecer é ser livre. A gente vai decidir se a gente quer receber ordens... nossa missão, nossa missão, o Plazil vai decidir, se quer se igualar ao PCC e receber ordens vindas de um presídio.

E aliás, vamo acabar com essa mamata, não existe preço do privilégio, Polvo que saia da PF e vá para o presídio comum. Porque aqui a gente não é governante que faça acordo com o PCC não, talquêi?

Bots, investidores e partidários repetindo:
[1...2..3... 4... 5... Mil... queremos BozzonarUbu ditador-Rei do
Plazil.]

Eduardo:
Aqui ninguém precisa de "artista" para posar com nós, não. Artista pode se manifestar. Tem artista que é a favor de BozzonarUbu, tem artista que é a favor de outro candidato. Quando a gente chegar lá, essa mamata da Lei UauNey vai acabar. Aqui ninguém precisa de artista não.

Bots, investidores e partidários repetindo:
[Eu vim de graça
E vi desgraça!]

Eduardo:
Deixa eu fazer uma perguntinha pra vocês: vocês acreditam nessas pesquisas?
Vocês já foram entrevistados pelo DataBolha?
Vocês já foram entrevistados pelo Ipobre?

Vamos dar nossa resposta a eles.
Primeiro: a gente vai votar como se fosse hoje, todo mundo com a camisa amarela, talquêi?

Sim, nós somos radicais.
Contra bandido e criminoso, nós somos radicais.
Contra corrupto em Plazília, nós somos radicais.
Contra o toma-lá-da-cá e loteamento de cargos pelo Centrão, somos radicais.
Contra pobre preto de periferia, nós somos radicais.
Contra mulheres que mostram os seios e "não se dão o respeito", nós somos radicais.
Contra umbandista e maconheiro, nós somos radicais.
Contra o ensino público superior, somos radicais.

Contra a oposição, somos radicais – vai fazer oposição lá no Pau-de-Arara, ô Paraíba!.

Como já dizia o professor Orvalho de Caralho: "ponderação na defesa da verdade é serviço prestado à mentira".
Nós viemos com muita sinceridade. Nós não precisamos pagar "vintão" num pão com "mortandela" para vocês virem aqui não.
E eles ficam doidos por isso.

Bots, investidores e partidários repetindo:
[primeiro turno
visto coturno.]

Eduardo:
Pessoal, a minha fala tá quase no final. Alquemino, não adianta fazer propaganda, não adianta fazer marketing: Cão Pablo é BozzonarUbu!

Eu quero saber se vocês sabem o nosso lema: *Plazil acima de Tudo!*
Deu$ acima de Poucos! Muito obrigado, Cão Pablo.

[*os bots, investidores e partidários retomam os chavões de campanha*]

Eduardo:
Agora, tenho o prazer de apresentar a vocês, o futuro Presidente-Rei do Plazil. Ali, nessa telona maravilhosa, deem as boas-vindas ao Capitão Cair BozzonarUbu! Salva de palmas!

[*uma tela exibe BozzonarUbu segurando um celular no ouvido enquanto bots ovacionam com "Mito! Mito!"*]

BozzonarUbu:
(fala de uma tela, lendo um discurso maquinalmente)
Nós somos a maioria absoluta.
Nós somos o Plazil de verdade.

Junto com esse povo plazileiro construiremos uma nova nação. Não tem preço as imagens que vejo agora da Paunista e do todo meu querido Plazil.

(faz o gesto da arminha)
Perdeu ontem, perderam em 2016 e vão perder de novo. Só que a faxina agora será muito mais ampla. Essa turma, se quiser ficar aqui, vai ter que se colocar sob a lei de todos nós. Ou vão pra fora, ou vão pra cadeia.

Esses marginais vermelhos serão banidos de nossa patriOstra. Eles querem minha hemorróida, mas vão ter mesmo os porões de meu regime, talquêi?

Nós acreditamos no futuro de nosso Plazil. E juntos, em equipe, construiremos o futuro que nós merecemos.

Temos o melhor povo do mundo, a melhor terra do planeta e vamos com essa nova classe política construir realmente aquilo que nós merecemos. Estou aqui porque acredito em vocês. Vocês estão aí porque acreditam no Plazil. E em mim, claro.

Ninguém vai sair dessa patriOstra, porque essa patriOstra é nossa. Não é dessa gangue que tem uma bandeira vermelha e tem a cabeça lavada.

Sem indicações políticas, faremos um time de Sinistros que realmente atenderá as necessidades de nosso povo. Podem ter certeza.

Vocês podem confiar em nós porque nós confiamos em vocês. O Plazil será respeitado lá fora. O Plazil não será mais motivo de chacota junto ao mundo. Seremos o número 1 na produção de *memes*. Aqui não terá lugar mais para esse antigo tipo de corrupção.

E Seu Polvo da Silva, se você está esperando o Caggad ser presidente para assinar o decreto de indulto, eu vou te dizer uma coisa: você vai apodrecer na cadeia! E...

(ao som de "Mito", dá uma risadinha e faz o gesto da arminha)
brevemente, você terá Lindobergue Faria para jogar dominó no xadrez. Aguarde, o Caggad vai chegar aí também. Mas, não será para visitá-lo não. Será para ficar alguns anos ao teu lado, agarradinho, talquêi? Já que vocês se amam tanto, vocês vão apodrecer na cadeia. Porque lugar de bandido que rouba o povo é atrás das grades.

Você achava que tava "tudo dominado", não tava não. Esse povo sempre se levantou nos momentos mais difíceis da nação... e dormiu em pé.

Vocês da Paunista, vocês que batem panela em todo Plazil, vocês estão salvando a nossa patriOstra. Vou até, pera um pouco...

(enquanto alguém segura o celular pra ele, BozzonarUbu toca um imenso berrante)

Não tenho palavras para agradecê-los nesse momento. Vocês estão salvando o meu, o seu, o nosso Plazil.

Betralhada vai todos vocês pra ponta da praia. Vocês não terão mais vez em nossa patriOstra porque eu vou cortar todas as mordomias de vocês. Acabou a mamata! Acabou, porra!

É uma patifaria! Vão escrotizar no inferno!

Vocês não terão mais ONGs para saciar a fome de mortadela de vocês. Será uma limpeza nunca antes vista na história do Plazil. Vaga-bun-do vai ter que trabalhar, porra. Vai deixar de fazer demagogia junto ao povo plazileiro. Vocês verão as instituições sendo reconhecidas. Vocês verão umas Forças Cagadas altiva que estará colaborando com o futuro do Plazil. Vocês, Betralhada, verão uma polícia civil e militar com retaguarda jurídica pra fazer valer a lei no lombo de vocês.

Bandido do MST, bandidos do MTST, as ações de vocês serão tipificadas como terrorismo. Antifas, se preparem pra apodrecer na cadeia! Vocês não levarão mais o terror ao campo ou à cidade. Não iremos permitir mais baderna na rua o seja onde for. Ou vocês se enquadram e se submetem às leis ou vão fazer companhia ao cachaceiro lá em *Cool*-ritiba.

Amigos de todo o Plazil, esse momento não tem preço. Juntos, eu disse juntos, nós faremos um Plazil diferente.

Meu muito obrigado a todos do Plazil que confiaram o seu voto em mim. Ainda não ganhamos as eleições, mas esse grito em nossa garganta será posto pra fora agora.

Conclamo a todos vocês que continuem mobilizados e participem ativamente por ocasião das eleições do próximo domingo de forma "democrática". Sem mentiras, sem *fake news,* sem Bolha de Cão Pablo. Nós ganharemos essa guerra. Queremos a imprensa "livre", mas com responsabilidade. A Bolha de Cão Pablo é o maior *fake news* do Plazil. Vocês não terão mais verba publicitária do governo. Somos "amantes da liberdade".

Queremos a ditadura da maioria e queremos viver sob leis rígidas. Nós amamos as nossas famílias. Nós respeitamos as crianças. Nós respeitamos as religiões cristãs. Nós não queremos socialismo. Nós queremos distância dessa coisa libertária.

Meus amigos da Paunista e de todo o Plazil, meu muito obrigado a todos vocês.

E vamos juntos trabalhar para que amanhã aquele grito que está em nossa garganta que simboliza tudo o que somos seja posto pra fora.

Plazil acima de Tudo
Deu$ acima de Poucos

À vitória!
Valeu e muito obrigado!

[*bots, partidários e investidores continuam com a farra e os chavões*]

CENA 6

BozzonarUbu, Michellete, Gen. Mourrão, Pablo Guedes, Juiz Brejo
Morro, Filhos, Marketeiro, Dois Assessores, Capangas, TV

(*Residência dos BozzonarUbu*)

(*nesse momento a TV vai mostrando a apuração dos votos. BozzonarUbu está na frente na
contagem, estamos na altura de 75% das urnas apuradas*)

BozzonarUbu:
Estamos quase lá, estamos quase lá!

Michellete:
Acho que é o dia mais feliz da minha vida, papaizinho!

BozzonarUbu:
Certamente tão feliz quanto o dia da prisão do Polvo! Certamente! (*Faz o sinal da arminha*) Grande dia! E ainda teremos dias melhores nos quais oficialmente poderei mandar todos os opositores para apodrecer na cadeia em meio ao festim de torturas.

Juiz Brejo Morro:
Quem precisa de provas e evidências quando se pode forjá-las? A Laja Vato é minha capitania hereditária, meu puxadinho – qual juiz poderia dirigir na surdina assim a acusação e destratar a defesa como eu? Não esqueçam desse detalhe.

Marketeiro:
Certamente, Vossa Excelência. Olha aí o resultado de nosso trabalho! Merecido, hein?

(*para si mesmo:*)
Ao menos o imbecil me escutou…

Gen. Mourrão:
Mas ora bolas - pagamos você para nos fazer ganhar!

(*para si mesmo:*)
No entanto, umas fraudadas saudáveis não farão mal. Tradições anteriores a invenção da República.

TV:
Estamos a quase 80% do resultado final apurado e percebemos que o candidato que tem a maioria dos votos, o ex-Capitão e Deputado Cair BozzonarUbu, não levou a melhor em nenhum dos estados da região Nordeste.

BozzonarUbu:

Esses cabeças chatas burros, esses viadinhos pinguços, esses esmolés das Secas, bando de morta-fome, ralé forjada na escravidão - eu não governo para essa corja de pobres ignorantes! Quem cresce no Bolsa Farinha não tem bom rendimento em lugar nenhum. Eles vão é comer farinha com bala e conhecer o pau-de-arara! Vou cortar todos os investimentos no Nordeste. Ou devo roubar uma obra do Polvo?

Eduardo:

Era de se esperar, esses idiotas úteis foram seduzidos e lavados mentalmente pelo Bolsa Farinha do Governo BT. Malditos malandros.

Karlos Markus:

Ô corja inepta.

Michellete:

É apenas um detalhe, um buraco no mapa do Plazil, amor. Um buraco... negro.

Karlos Markus:

Uma cratera de densidade geográfica.

BozzonarUbu:

Soltaria uma bomba atômica de peidos lá, se me permitirem.

Dois Assessores:

Soltaria uma bomba de peidos lá!

Michellete:

(*para BozzonarUbu*)

Temos que ter um bom plano, já estamos muito perto de nos assenhorar do Poder. Tá chegando a nossa hora. Isso me deixa excitada. Hoje tem, BozzonarUbuzinho.

BozzonarUbu:

(para Michellete, em tom baixo)

Eu também estou, mulher. Mas, precisamos limpar algumas coisas antes... *(fala apontando com o olhar para o Marketeiro)* tem gente que sabe demais nossas manobras. Me preocupo com isso daí.

Marketeiro:

(sem perceber o que se passa, prestando atenção na TV)

Presidente-Rei? Posso dar uma sugestão? Bem que você poderia deixar a vossa Primeira-Dama-Rainha falar antes de você, vai ajudá-lo a limpar essa fama de misógino e machista.

TV:

Estamos já a 83% do pleito apurado, com o chapa BozzonarUbu-Morrão na dianteira...

BozzonarUbu:

Vá lá, vá lá. Estava pensando nisso.

Eduardo:

Papai, vou poder dar uns tiros de metranca pra cima pra comemorar?

BozzonarUbu:

Mas é claro, filhinho! Ô Frávio, pode até ligar lá pro Adriano e pro Beiroz para ir dar uma volta com os meninos nas periferias fazer uma "limpezinha". Dar uma ocultadinha nos corpinhos aí.

Dois Assessores:

...na periferia para fazer uma limpezinha.

Frávio:

Tá certo pai. Deixa comigo.

(pega o celular e manda algumas mensagens)
Considere feito.

Marketeiro:
Chegar nos 90% com essa margem já é vitória garantida, patrão!

Pablo Guedes:
Cair, estava aqui pensando com meus botões... vamos precisar compor alguns Sinistérios especiais, principalmente para o caso de estourar escândalos utilizarmos como nuvem de fumaça. Um bom disfarce e desvio de atenção para o que estivermos afim realmente de implementar.

BozzonarUbu:
Estava justamente pensando em extinguir o Sinistério e a Secretaria dos Direitos Humanos para criar um...

Eduardo:
Da Fofoca!

Pablo Guedes:
Já sei... um Sinistério da Mulher, da Família e dos "Direitos Humanos".

BozzonarUbu:
"Direitos humanos para humanos direitos", isso! E já tenho um nome para ocupar a cadeira sinisterial!

Pablo Guedes:
Quem é?

BozzonarUbu:
Lembra aquela doida da Igreja que disse que viu Jesus numa goiabeira e que tem diploma bíblico falso em Direito e *não-sei-mais-o-quê?*

Pablo Guedes:

A Daemeres? Cê tá de brincadeira...ela é louca de pedra, e extremamante irrelevante. A mulher é fanática, tapada... uma verdadeira imbecil.

BozzonarUbu:

A mesma! (gargalha) Por isso mesmo: ela é perfeita para essa função. Você sabe como tenho um fraco por idiotas! Vou instruí-la a colocar aquela menina que era feminista e mostrava os peitos que fazia parte daquele grupo da Ucrânia e que agora me chama de "mito", é evangélica e é contra o aborto na secretaria dela. A que tem um exército que imita a Kux Kux Klan.

Marketeiro:

Boa presidente, vai disfarçar o aspecto machista opressor do seu governo.

(*todos olham meio estranho para o Marketeiro, já quase se tornando, no final da campanha, um "corpo estranho" na sala dos BozzonarUbu*)

BozzonarUbu:

O Sinistério da Cultura tem que acabar, talquêi? Vou suprimir essa pasta idiota e incorporá-la como um segmento menor no Sinistério da Cidadania. Tinha pensado no Alexandro Broca, mas vou pedir conselhos ao guru Orvalho de Caralho. Precisamos de alguém que seja um pastiche do Goebbels para propor um concurso de cultura nacional fascista. Precisamos de alguém coerente com nossa total ausência de ideias, nosso deserto de pensamento, principalmente para o Sinistério da Ignorância, a qual tinha cogitado convidar o Orvalho, mas acho que ele se recusaria...

Pablo Guedes:
É bem possível. Além do mais, ele anda muito ocupado... precisando de dinheiro para se livrar de alguns processos...

BozzonarUbu:
Pensei no nosso astronauta tupiniquinho aê para o Sinistério das Ciências e Tecnologias, o Marcus Passagens.

Pablo Guedes:
Boa, parece um nome sensato. Será que ele viria trabalhar vestido de astronauta? Pera... ele sabe que a Terra é Plana e tem aquele negócio dos travesseiros da N.A.S.A.? Tosco pacaralho.

Gen. Mourrão:
Temos que ter nomes também ligados ao Merdército... Muitos, de preferência... tais como o Augusleno, vulgo Helenão. (peida ligeiramente) Eita, agora o peido foi meu.

BozzonarUbu:
Obviamente isso será feito, General. Teremos mais do que nas outras épocas. Mas, lembre-se que as decisões finais são minhas. Minhas e só minhas – e do meu umbigo lindo, e da minha bolsa magnífica de cocô. Nessa chapa quem manda é o Capitão, não o General. (*Gargalha*)

Gen. Mourrão:
(*baixinho*)
Veremos, Capitão.

TV:
Já estamos em 87% da apuração total final...

Marketeiro:
Vamos lá, vamos lá.

Pablo Guedes:
Minas e Energia?

BozzonarUbu:
O almirante-de-esquadra Cento Costa Limão Azedo. O Rônyx vai ficar certamente com a Casa Civil. Já havia lhe prometido lá na festinha do Orgióra.

Pablo Guedes:
E enterramos de vez as acusações que pesam em cima dele de Caixa 2.

Juiz. B. Morro:
Basta pedir desculpas! Caixa 2 não é grave, nem crime é, se for olhar. E se tiver arrependido será inocentado. Mas, se forem da oposição aí a gente usa a letra... quen... da Lei.

BozzonarUbu:
Sempre inocente! O famigerado general Fernando Arezedo Silva. Minha nostalgia de paraquedista. Ainda tem nomes que não decidi, mas que serão anunciados oficialmente.

Marketeiro:
Cuidado com as escolhas, presidente. Pode manchar o seu governo.

TV:
Estamos chegando aos 93%.

Michellete:
Coloque mais mulher.

Marketeiro:
Ela tem razão.

BozzonarUbu:

Esse cara ainda tá falando? Que asneira! Pi-pi-pi-po-po-pó, porra! Duas já está bom demais, elas valem por dez homens.

Gen. Mourrão:

(*incomodado*)

Quase pelos cotovelos, pelo visto.

Pablo Guedes:

E pra Ignorância?

BozzonarUbu:

Vamo pedir alguma indicação do nosso sábio Guru. O ideal mesmo é enxugar essa pasta para outro Sinistério. Alguém que privatize tudo.

Pablo Guedes:

Saúde? Meio-Ambiente? Alguém na sua não-mente?

BozzonarUbu:

Saúde? Pra quê Saúde, porra? Plazileiro precisa ser estudado. O cidadão mergulha no esgoto e não pega nada... nada! Não acontece nadinha! Mas, para constar vamo intitular alguém que receite placebo e seja contra a Ciência... alguém da iniciativa privada. Essa pandemia aí é só uma gripezinha", talquêi? Coisa forjada pelos comunas! E se mesmo assim esse Sinistro insistir em acatar e reconhecer OMS e o caralho a gente o exonera e deixa sem ou põe um militar no lugar.

Quanto a Meio-Ambiente põe alguém aí que autorize queimada e o escambau. Um homem que deixe a boiada passar. Que essa merda toda queime, porra. Quem se importa? Não encha meu saco.

TV:

E chegamos aos 97%. Quase no final...

Eduardo:
Eita que impaciência, eita que ansiedade. O dedo de apertar o
gatilho chega coça...

Juiz Brejo Moro:
Quen... Calma lá, rapaz. Tudo terá sua vez. E a Laja Vato?

Pablo Guedes:
Desde que não nos atinja e destrua a confiança deles em nós... a
merda continua no encanamento.

Frávio:
Hoje vai ser estouro hein!

Marketeiro:
(para si mesmo)
Não sei se fico feliz pelo dinheiro que ganhei ou se fico preocupado
com o que há de vir... ai ai. Que suplíci...

*(o clima no ambiente - um misto de felicidade, apreensão e medo - começa a ficar mais
pesado... o Marketeiro começa a ficar inquieto, o que alarma Morrão, BozzonarUbu e os filhos
BozzonarUbu, que começam a pegar armas de uma espécie de armário na sala)*

TV:
100% das urnas apuradas. É oficial: BozzonarUbu é o novo
Presidente-Rei eleito no Plazil...

TODOS:
(o Marketeiro "comemora" desconcertado):
VIVA!!! BozzonarUbu! BozzonarUbu!! Viva ao novo ditador do
Plazil!

(Michellete caminha até o marido e lhe dá um beijo na bochecha, os filhos começam a brandir as armas para cima soltando rajadas de balas enquanto pulam, gritam e vibram a vitória)

BozzonarUbu:

Bem, agora que já ganhamos essa porcaria... essa patifaria escrota... porra!

(olha para Morrão, que sinaliza para ele e depois para os guardas presentes - os guardas caminham com firmeza e cercam o Marketeiro, segurando-lhe nos braços)

Marketeiro:
(assustado - sendo arrastado para fora - tentando resistir fisicamente)
Mas... o que que é isso? BozzonarUbu? Michellete? Alguém? Nããão!

(um dos guardas tampa sua boca, seus olhos saltam das órbitas)

BozzonarUbu:
(rindo, faz um gesto passando a mão pelo pescoço olhando para os guardas)
Não se faz omelete sem quebrar ovos, camarada! Já falei que minha especialidade era matar, talquêi!

Gen. Mourrão:
Não se limpa a memória sem se deletar alguns arquivos.

(BozzonarUbu pega uma metralhadora no armário)

BozzonarUbu:
Chupem isso, Betralhada!!

(rindo, solta rajadas de tiro pro ar)

Frávio:
Que dia, minha família! Que dia!

BozzonarUbu:
Grande dia! Com uma facada dessas conseguiria até ser eleito
presidente da ONU!

(gargalhadas gerais, entre rajadas de balas)

CENA 7

Todos os principais personagens políticos, financistas, apoiadores e demais que apareceram até o momento na peça

(*Palácio da Alvorada, cerimônia de posse do Presidente Eleito*)

[*Sob o clamor nacionalista de psicopatas, uma carreata atravessa as ruas, mas um dos cavalos da cavalaria oficial presidencial-real quase atrapalha o andamento das coisas. Sob o olhar enfurecido do Presidente, o cavalo é removido para ser abatido fora de cena. Algumas poucas centenas de pessoas vestindo a camiseta amarela de uma entidade corrupta ficam às margens, recuadas do plano de percurso orquestrado para a cerimônia. Elas mugem a torto e a direito. Algumas delas seguram a cruz numa mão e uma arma na outra. Na parte oficiosa da cerimônia encontra-se o cortejo do governo precedente - Temerous, esposa e alguns Sinistros de sua corte -, além de sua própria corte de Sinistros, seu vice Morrão, com sua esposa, os filhos BozzonarUbu. O vice e sua esposa aguardam ao fim da rampa onde irão cumprimentar os donos do mandato anterior e começar a cerimônia de apresentação oficial. Durante todo o processo os profissionais de imprensa foram destratados e somente alguns com credenciais amigas do novo regime foram permitidas acessar áreas próximas ao evento. Segue-se o protocolo, o presidente, com a primeira-dama, junto vice, com sua esposa sobem a rampa e se encontram com Temerous e a ex-primeira dama. Cumprimentam-se, trocam palavras amenas, sorriem para fotos. Depois se posicionam*] *para escutar o Hino Norte-Americano. Emocionados, dirigem-se para o palanque, onde a cena a seguir se desenrola:*]

(Temerous retira a faixa presidencial e coloca-a em BozzonarUbu, que fica desengonçada e deselegante nele. Eles apertam as mãos. BozzonarUbu vira-se para o público e aponta para a faixa, fazendo o gesto da arminha logo em seguida. Michellete caminha em direção ao microfone.)

Michellete:

(em libras - voz de robô faz o discurso)

Boa tarde a todos, é uma grande honra e uma grande alegria estar aqui nesse momento tão especial e importante para o nosso país. Momento de agradecer a todos vocês da nação plazileira, crianças, jovens, idosos, deficientes, por todo o apoio e pelo carinho desde o início da nossa campanha. Agradeço muito também a todos aqueles que demonstraram sua solidariedade durante os momentos difíceis pelos quais o meu esposo passou recentemente. Muita gratidão a Deu$, a minha família e aos meus amigos. Em especial quero agradecer ao meu enteado Karlos por toda a ajuda e parceria durante os 23 dias que passamos dentro do hospital em Cão Pablo. Agradeço ainda à população plazileira pelas orações que nos deu tanta coragem para seguir adiante. É uma grande satisfação e privilégio poder contribuir e trabalhar para toda a sociedade plazileira. As eleições deram voz a quem não era ouvido e a voz das urnas foi clara que o cidadão plazeiro quer segurança, paz e prosperidade. Um país em que sejamos todos respeitados. Em especial agradeço ao meu amado esposo o nosso Presidente-Rei. Plazil acima de tudo, Deu$ acima de Poucos. Muito obrigada.

(BozzonarUbu se aproxima e abraça a Primeira-Dama-Rainha)

BozzonarUbu:
Meu prezado general, com licença. Paula. Minha esposa.

Esse momento não tem preço. Tem sim, mas só alguns poucos podem sabê-lo. Servir a pátria como chefe do executivo. Isso só está sendo possível porque Deu$ preservou a minha vida. E vocês - imbecis - acreditaram em mim.

Faremos o Plazil ocupar um lugar especial no mundo. Um lugar único, talquêi? Os outros irão se afastar, pois a coisa aqui não é brincadeira! Vamos desmontar o Plazil!

Dirijo-me aqui a vocês, sem precisar de falsa modéstia ou mesmo aparência de honra, como o chefe superior da patriOstra. E me coloco nesse dia como o dia em que o povo começou a se "libertar" do socialismo. Se libertar da inversão de valores, do gigantismo estatal e do politicamente correto.

Então, (*solta um peido*) foda-se, caralho!

Preto é preto, gay é gay, nordestino é nordestino, quilombola é quilombola, porra - saibam o seu lugar. O único povo é o povo plazileiro, nem mais, nem menos.

A voz das ruas e das urnas são muito claras, brancas. E eu estou aqui para responder. A partir de hoje vamo colocar em prática o projeto que a maioria do povo plazileiro democraticamente escolheu.

Vamos promover o afundamento geral e o retorno imediato ao passado. A reescritura do passado no presente.

Temos recursos naturais abundantes para vender, desmatar, temos empresas nacionais para privatizar, temos que enxugar essa máquina aí.

Os primeiros passos já foram dados, aqui, no governo do Temerous. Pretendo aprofundá-los.

Graças a vocês fui eleito com a campanha mais barata e safada da história.

Graças a vocês conseguimos (*retira uma bandeira do bolso*) graças a vocês conseguimos montar um governo com conchavos escondidos. Os empresários, meus amigos e financiadores, fiquem tranquilos! Farei de tudo para ganhar muito dinheiro! Mas, ainda há muitos desafios pela frente.

Não podemos deixar que ideologias nefastas, arte, pensamento crítico, filosofia, expressão livre, destrua nossos valores e tradições. Vamo começar fechando esse teatro aqui!

(*Nesse momento algumas tropas de milícias armadas e com tochas acesas começam a compor um cerco em torno da audiência.*)

Não podemos deixar que tudo isso destrua nossas famílias, alicerce de nossa sociedade. E convido a todos para iniciarmos um movimento nesse sentido. Seja você também um miliciano bozzonarubista!

Podemos eu, você, nossas famílias, reestabelecermos padrões antiéticos e covardes, agressões sistemáticas contra todas as diferenças, saques e intimidações, louvando ao dinheiro, o capital estrangeiro, a especulação financeira de mercado, a milícia, o assassinato político, o desmatamento, a privatização de recursos com a água, o agrotóxico e o pensamento único que está bem representado e matizado na nossa fé e em nossos dogmas religiosos.

A corrupção e os privilégios - não acabarão! Vamos engavetar todas as investigações aos nossos. Vamos transferir toda a mamata agora para um novo nepotismo, e despotismo. E fechar o conchavo com o Supremo, com tudo, abençoado pelas bancadas ruralistas, das armas e evangélicas.

E isso tudo pelo desserviço à nação.

Tudo o que faremos a partir de agora não tem negociação, vai ser por decreto e imposição. Com esse propósito, iniciamos nossa caminhada.

Temos o grande desafio de desvirtuar-nos todas as crianças, inculcar militarismo e medo à autoridade e medo do inferno nos jovens e sepultar adultos desobedientes e provocadores.

Vamos, para isso, propor e implementar as reformas necessárias, principalmente uma que obriga idosos a trabalharem até 80 e não receber nada, enquanto as pensões das filhas de militares e a sua previdência ficam garantidas desde mais cedo e por mais longos anos. O *home schooling* e o EaD para que ricos não se misturem com pobres e pobres tenham mau desempenho porque não terão internet e material para competir! Chega de acabar com as fronteiras de classe... coisa ridícula e antinatural ditada pela Esquerda!

Também é urgente acabar com a ideologia que defende bandidos e criminaliza policiais - retaguarda jurídica já. Nossa preocupação será com a segurança das pessoas de bem com direito e garantia à propriedade privada e legítima defesa. E o nosso compromisso é dar respaldo a todas as forças de segurança. Temos que nos espelhar em nações que são exemplos militares para o mundo. Diplomacia é o caralho! Foda-se a ONU, foda-se a NASA! Foda-se. Invenções desses esquerdopatas enrustidos, essa patifaria sem fim.

Vamos em busca de um velho tempo para o Plazil e para os plazileiros.

Vim aqui restabelecer a Ordem e a Autoridade nesse país. Sei onde quero chegar. E irei meter o pé nessa *jacaí*, talquêi?

Agradeço a Deu$ por estar vivo e a vocês que oraram por mim e minha saúde nos momentos mais difíceis.

Que Deu$ elimine essa nação. Minha parceria com um vírus vindo da China tá aí pra provar isso.

Plazil acima de tudo.
Deu$ acima de Poucos!

(BozzonarUbu levanta a mão de todos, pega uma bandeira nacional e a mostra com o general)

BozzonarUbu:
Nossa bandeira jamais será vermelha!

(saem todos do palco)

CENA 8

BozzonarUbu, Sinistro Pablo Guedes, Sinistro Brejo Moro, Sinistro Desonesto Araújo, Articulista

(*Sala de descanso reservada à comitiva de BozzonarUbu em Estocolmo, onde está sediado o maior Fórum Econômico Global. A comitiva resume-se ao próprio BozzonarUbu, o seu Sinistro da Economia de Mercado e diretor do Plano Nacional Pablo Guedes, o seu Super-Sinistro da Injustiça Brejo Morro e o seu novo Sinistro das Irracionalidades Exteriores Desonesto Araújo*)

[*Há alguns dias a imprensa vaza a notícia de que a Primeira-Dama recebeu valores suspeitos depositados por Fabiano Beiroz, ex-motorista e ex-coordenador de segurança do Deputado Frávio BozzonarUbu, filho primogênito de BozzonarUbu, sendo acusado de lavagem de dinheiro e conexão com as forças milicianas que atuam no Estado do Rio de Fevereiro, no qual estão implicados a execução da deputada da oposição, Maria Hellen. O mal-estar e o ar de condenação moral toma todo o espaço nacional. Enquanto isso a comitiva BozzonarUbu foi convidada a fazer o discurso de abertura no maior Fórum Econômico Global que acontece em Estocolmo, o Plazil ficando sob a gestão temporária do presidente interino General Armilton Morrão, que se refestela com atos autoritários como um decreto que modifica a lei de acesso às informações tornando sigilosos dados e informações dos órgãos de administração pública e outras*]

Sin. Pablo Guedes:

Estourou a merda lá do COAF, cara. Estourou a porra da merda lá. Tem que estancar essa sangria aí, ô Bozzo.

Articulista:

Não pára de chegar! Não pára! A cada minuto tem pelo menos mil e oitocentas mensagens e dezenas de matérias sobre a ligação do Frávio com o Beiroz, a Milícia, o assassinato daquela cadela preta, Maria Hellen.

BozzonarUbu:

Essa vadia lésbica favelada, ninguém conhecia essa desgraçada até isso acontecer. Fizemos a coisa na surdina. Vagabunda imunda que estava atrás dos meus milicianos. Esses escrotos estão de pa-ti-fa-ria!

Sin. Desonesto Araújo:

Puta que o pariu. É tudo conspiração desses marxistas culturais! Claro que a culpa é toda deles! O guru Orvalho de Caralho já tinha nos avisado. Alguém precisa calar esses lodosos seres intelectualmente desonestos.

(BozzonarUbu está atônito, terrivelmente calado, porém inquieto. Suas tripas começam a se soltar, como habitualmente em situações tensas - os peidos começam a odorizar todo o ambiente como uma praga de gafanhotos)

Sin. Brejo Morro:
(prendendo a respiração - junto com os outros)
Ô louco, Bozzo. Vira essa bazuca pra lá, maluco! Quen... Que artilharia pesada!

BozzonarUbu:
Tem algum encanamento de gás vazando perto daqui, tenho certeza.

Pablo Guedes:
Só se for o encanamento do seu cu, Bozzo. Pára com isso. Assuma seu filho, pô!

BozzonarUbu:
Não começa ô, Pablo Guedes! A sua sorte é que você entende dessa merda de Economia aí ou já tinha dado um tiro na tua fuçaí, talquêi?

Sin. Desonesto Araújo:
(em tom conciliatório)
Calma aí. O que iremos fazer agora? Bozzo vai ter que falar. Mas, depois, eu nem sei, vai ser uma coletiva de imprensa. Com certeza vão nos colocar contra a parede com esses temas! Já está saindo em tudo quanto é jornal e blog internacional! E até que o Beiroz conseguiu trazer familiares do miliciano para trabalhar no Gabinete do Frávio, caralho! Rachadinhas, funcionários laranjas... Estão sabendo de tudo!

BozzonarUbu:
(peidando-se todo e ficando vermelho de fúria)
Esses Comunistas! Esses vermelhos! Esses bandidos! Marginais! Safados! Comedores de calango! Deixem minha família em paz. Vou mandar executar todo mundo! Não vai sobrar um pra abrir o bico! É inaceitável. O político não pode mais roubar em paz, porra. Não se pode nem mais tirar vantagem da coisa pública, pô.

Sin. Pablo Guedes:

Bozzo, você vai lá ignorar isso e fazer esse discurso. Já o escrevi aqui junto com o Sinistro Desonesto Araújo para você. Não precisa se alongar como o Polvo. Vá direto ao ponto. Sem encheção de linguça, porra. É só chegar lá e pôr a granada no bolso do inimigo. Vamos sair dessa. É igual que nem no Plazil, só que eles vão te escutar com locutores em outras línguas. Não esquenta. Nem precisaremos enviar antes a cópia do discurso para eles. Eles fazem tradução simultânea e enquanto estão traduzindo nem estão pensando no que dizemos e enquanto eles ouvem eles nem entendem direito porque já perderam os detalhes prévios do discurso produzindo as novas traduções e interpretações. A memória tem prazo curto. Apegue-se nisso. Foque no dinheiro! Esse povo é estúpido e canalha... só que falando inglês!

Sin. B. Morro:

É... Eita que já tô pressentindo... é... merda pra tudo que é lado. Não escorregue em sua bolsa de colostomia, Bozzo. Quen... Faça como o Guedes tá orientando.

Sin. D. Araújo:

Mas, e quanto a coletiva?

Sin. B. Morro:

É... Podemos ficar como estátuas mudas, como uma performance dessas aí atuais. Sabe? É arte! Contemporâneo... acho que vi em algum livro ou documentários antes de dormir. Quen... Se alguém colocar uma cédula de euro ou dólar, mudamos de posição. Não precisamos dizer nada. O silêncio diz tudo. Ou assim esperamos. Não querem "arte"? Pois lhe daremos "arte".

Sin. D. Araújo:

Mas, é um Fórum Econômico, Sinistro Morro! Isso aí né passeata de curso de humanas não.

Sin. B. Morro:

Então deixemos o "Chicago-Gogo-Boy" resolver isso daí. Eu tenho que ir depois pros States fazer um curso na CIA. Quen...

BozzonarUbu:

É preciso aprender lições também com Judas, meus patriOstras. Melhor um covarde vivo do que um herói morto. E entre os dois, prefiro mil vezes ser covarde, cacete! Eles lá tão com uma trozoba do tamanho de um cometa pra enfiar na gente! Podemos dar esse migué aí na imprensa internacional.

Sin. D. Araújo:

Isso foi muito profundo, Presidente BozzonarUbu. Que fala! Ressoou miticamente.

Sin. P. Guedes:

Em algum momento o público vai esquecer isso. Vamos continuar cutucando a Daemeres ou o Sallus para jogar a boa cortina de fumaça. Talvez algo como "Cerveja Bock faz apologia a Sexo Oral" ou "Chico Mendes é irrelevante". "Passar boiada durante pandemia". Ou mesmo o Sinistro Zelézo pode nos ajudar jogando no ar algo sobre a Universidade não ser para todos. Ou plantação de maconha em campus... Sei lá, algum Ás da manga aí.

Sin. D. Araújo:

E quanto ao Beiroz? O que fazemos para tirar o rastro dele do MP?

Sin. B. Morro:

Coloquem o cara no Hospital, ora bolas. Ou falem com o advogado do Zero Um! Não foi o que fizemos antes? Paguem os médicos para confirmarem a narrativa. Sigilo médico, ética profissional. Deem uma doença ao cara, desliguem-no e evitem contato com ele diretamente e de modo rastreável. Escondam bem esse, cara. Podiam, talvez, usar aquela cidade lá dos churrascos paunistanos. Se estamos na mentira, temos que mantê-la até o fim - seu pai nunca te ensinou isso? É como manter uma amante: mesmo que a mulher já saiba de tudo, o lance é continuar negando. Negue sempre. Até o fim. Até o fim. No mais, a mentira é sempre atrativa e vende mais do que a verdade. Vejam a Laja Vato, exemplo histórico.

BozzonarUbu:
Articulista! Ô corno!

Articulista:
Sim, Presidente-Rei…

BozzonarUbu:
Anote esses encaminhamentos e dê andamento, talquêi? Pra antes de ontem!

Articulista:
(*sai de cena falando ao telefone*)
Imediatamente.

BozzonarUbu:
Vocês, me passem aí esse discurso. Vamo logo acabar com isso. Patifaria!

[*a cena trasmuta-se para um palanque - investidores e demais líderes econômicos mundiais estão presentes, autoridades, jornalistas, etc. São dados 40 min para BozzonarUbu falar na abertura do Fórum Econômico Global.*]

BozzonarUbu:

(arrumando os papéis com o discurso num palanque. Leva quase 5 minutos nessa tarefa)

Me sinto muito honrado em me dirigir a uma plateia tão seleta. Hoje em dia um precisa do outro, o Plazil precisa de vocês e vocês, com toda certeza, em parte, também precisam de nosso querido Plazil.

Boa tarde a todos. Agradeço a honra de me dirigir aos senhores já nessa abertura de sessão plenária.

Esta é a primeira viagem internacional que realizo após minha eleição. Prova da importância que atribuo às pautas que esse fórum tem promovido e priorizado.

Essa viagem também é para mim uma grande oportunidade de mostrar para o mundo o momento único em que vivemos em meu país. E para apresentar a todo o mundo o Plazil que estamos construindo.

Nas eleições, mesmo ganhando menos de 1 milhão de dólares, e com apenas poucos segundos de televisão e sendo injustamente atacado a todo o tempo, conseguimos a vitória. Assumi o Plazil em uma profunda crise ética, moral e econômica. Temos o compromisso de repetir a nossa história.

Gozamos de credibilidade para fazermos as reformas que precisamos e que o mundo espera de todos nós.

Aqui entre nós: meu Sinistro da Injustiça, Brejo Morro, o homem certo para a continuidade da corrupção e para emudecer-se diante da lavagem de dinheiro e das ações imorais da milícia. Vamos investir pesado na insegurança, para que vocês nos visitem com suas famílias, amantes, escravos, pois somos um dos países primeiros em tornar tais crueldades naturais. Quer brincar de faroeste real, visita o Plazil, talquêi?

Conheçam a nossa *Ama-Zona*, nossas praias sujas, nossas cidades infestadas de mendigos e desempregados, nosso pantanal grilado, nosso cerrado expropriado para monocultura, agronegócio extração de minério e pecuária.

O Plazil é um paraíso fiscal, venha explorá-lo você também! Vem!

Somos o país que mais corrói o meio ambiente. Nem um outro país do mundo tem tantas florestas desaparecendo como nós. A agricultura se faz presente em apenas 9% de nosso território e cresce graças a sua tecnologia e a competência de nosso produtor rural. Menos de 20% de nosso solo é dedicado à pecuária - mais de 80% é dedicado à putaria.

Essas *commodities* garantem o superávit em nossa balança comercial, no nosso bolso privado e alimentam boa parte do mundo. Nossa missão agora é avançar na compatibilização entre depredação do meio ambiente e da biodiversidade com o necessário desenvolvimento econômico para super-ricos. Lembrando que são interdependentes e indissociáveis.

Queremos desgovernar pelo exemplo. E queremos mesmo assim que confiem na gente.

Vamos diminuir a carga tributária - somente para os ricos. Simplificar as normas - para ricos - facilitando a vida de quem deseja produzir e empreender, investir e gerar precariados.

Trabalharemos pela instabilidade macroeconômica desrespeitando contratos, privatizando e desequilibrando contas públicas.

O Plazil ainda é uma economia ligeiramente fechada ao comércio internacional. E continuar nisso é um dos maiores compromissos deste desgoverno. Nossas relações internacionais serão cagadas pelo

Sinistro Desonesto Araújo, implementando uma política na qual o viés ideológico continuará existindo, só que à extrema direita revisionando narrativas e as substituindo. O nosso guru Orvalho de Caralho garante que o nazismo é de Esquerda e que a Terra é plana. E que os cientistas mentem e inventam pesquisas só para obter recursos federais.

Para isso buscaremos integrar o Plazil ao mundo submetido às megacorporações. Vamos resgatar nossos valores e abrir as pernas para os tubarões da Economia.

Vamos defender a família, o verdadeiro "direitos humanos", proteger o direito ao assassinato e à propriedade privada e uma educação que prepare a juventude para os desafios da quarta revolução industrial, buscando pela ignorância manter a pobreza e a desigualdade da maioria silenciosa.

Estamos de pernas abertas, quero mais do que o Plazil grande, quero o mundo em que a gente ganhe e os vermelhos percam.

Acredito em Deu$, mas negocio com o Diabo.

A todos, o meu muitíssimo obrigado.

E licença, pois tenho que governar o país via *WhatsApp* e tenho cirurgia marcada, então devo ir.

(retira-se de cena, mexendo no celular)

(Escuro. Transmuta-se a cena para a sala de imprensa onde acontecerá a coletiva. A luz acesa revela uma mesa com os nomes dos quatro da comitiva, mas nenhum deles está lá.)

CENA 9

BozzonarUbu, Michellete, Enfermeiro, Bolsa de Colostomia

(Sala de UTI privada em pós-operatório. BozzonarUbu ainda encontra-se em coma induzido pós-operatório. Seus sinais vitais são estáveis. Seus horários de visitas são restritos e só podem entrar uma pessoa por vez. Seus filhos já o haviam visitado. O Sinistro Brejo Morro também. O Vice Morrão passou pelo Hospital, mas não entrou no quarto. Conversou com o Enfermeiro e foi embora. Todos em horários diversificados. Michellete é a última visita da noite.)

Michellete:
Ah, o meu BozzonarUbu, ninguém tem dó dele. Mas, como se pode ter dó de tal malandro fominha de poder? No fundo de sua raiva, ele até pode ser bom. O ressentimento tem mantido muita gente ativa, tem conduzido o mundo para o estado em que o pânico se torna até agradável.

(olha para ele, e passa levemente a mão em seus cabelos)

Não sei se você me ouve ou não, BozzonarUbuzinho. Mas, nem sei definir o que sinto por você. De toda forma, você ganhou, não foi? Não importa como, desde que se ganhe! Nossa democracia sempre fora manipulada pelos privilégios. Por que iríamos mudar esse esquema que nos beneficia? Eu mesma não queria. Eu sei que sou hipócrita, mas todo o mundo é de alguma forma. Hipócritas de todo o mundo: uni-vos! Devorem uns aos outros!

Acabamos por aceitar e acatar as coisas como são e vivemos no mundo em que os outros vivem, mas fingimos que eles não existem porque o nosso quinhão vem primeiro, depois... que Deu$ faça o que bem entender.

Será que existe alguma justiça no cosmos?

De alguma forma fui eu quem o incentivei a esse pleito, eu que o provoquei a isso. Eu quem o ridicularizei. Será que o que vem... vai, retorna? Não sei nada disso a não ser o arbítrio de sermos quem somos, de forjarmos nossas aparências e você quase seguiu isso, mas deixou aparecer o seu diabo conselheiro. Você sempre o escutou, não? Dessa piada sem graça só os mortos riem. Se é que riem mesmo.

A máquina continua a rodar. Os sonhos são sufocados no nascedouro. E temos as desculpas perfeitas: sabemos como realizar o negócio. Mas, amor, você precisa prestar mais atenção nas arestas. Há algo que se acaba por incompetência geral saltando aos olhos.

Mas, uma coisa admitamos, você é realmente o modelo do homem comum que virtualizou de tal modo a própria vida que cumpre seus papéis reais melhor na internet do que atrás de uma bancada com papéis, relatórios e documentos. "Homem de ação", você se diz.

Mas, o perigo da caneta se mantém. O perigo e o alívio, para os nossos investidores. Não queremos desapontá-los, né? Sequer percebe que eles vão querer o seu fígado depois.

Bem sei das suas traições e esquemas. Mas, não tem problema, consigo também dissimular. Afinal, como viver sem um pouco de cobertura, disfarce e conveniência? Sem isso, sem essa proteção de uma moral falsa, como poderíamos sequer sair do útero para esse mundo hostil e perigoso? Como nos defender sem qualquer mácula de hipocrisia que nos abrigue? Para uma mulher que tem que conviver com esse horripilante mundo masculino então a falsidade é a garantia de manter certos luxos, certos acessos ainda exclusivos ao mundo masculino. A artificialidade faz o serviço sujo parecer angelical, divino.

É preciso modos, meu caro BozzonarUbuzinho. E modos custam caro. Uma vida inteira de lições, etiquetas, poses, o sorriso perfeito, o vestido perfeito, as unhas perfeitas, os gestos e comportamentos perfeitos... para a mulher decorativa perfeita. Sou o seu troféu e sei disso. Não é questão de orgulho, mas para que servem mesmo as nossas aparências se não para derrotar as essências dos outros? É o cheque-mate que gera todas as pompas dos quais temos a certeza de que jamais seremos alcançadas. Mas, manter a pisada é preciso.

(*respira e olha ao redor do quarto, parece cansada e desolada - tira a mão dele*)

Aqui estamos nós. Eu aqui, viva, lúcida e você ainda curtindo o barato dessa morfina, viajando talvez. Dormindo, certamente. Sonhando, não sei. Você, meu companheiro, meu infernal companheiro. Aquele que me atormenta e me faz me sentir mais inteligente, pois que de fato sou inteligente o suficiente para não vos irritar com minhas capacidades e desejos, pois tenho medo do que você possa fazer comigo! Toda essa coisa de armas, armas, armas... -

aquela arma mesmo perto do seu travesseiro! - e seu ódio revelam a frustração e a impotência que um ser espiritualizado consegue domar em si pela aceitação da vida como dádiva. E a morte é mais importante que a vida para você. Você sempre professou a morte e a ela ouviu, até que a viu bem de perto...

Peço a Deus que lhe dê sabedoria, pois sinto que você ainda está muito aquém disso. Ainda acredito no maldito casamento e na presença do pai na vida da pequena... senão já teria pensado em divórcio. Como é uma prisão essas convenções sociais e religiosas, meu Deus.

Você não vale nada, mas é agora o homem mais poderoso desse país hipócrita, cruel, mais ainda cheio de tanta beleza. Muito embora refestelada pela miséria.

Mas, antes estar aqui deste lado do que lá do outro... o lado que já está morrendo de fome, de vírus, de descaso público e desespero todo santo dia. E apesar de você não puxar o gatilho, você legitima que o puxem... Em seu lugar. E muita gente – conscientemente ou não - tem feito isso. Dentre alguns aqueles que "inocentemente" digitaram o seu número numa urna eletrônica. Outros, o que compram a parte do diabo na coisa toda... os gangstêres e esses homens horríveis que matam outros homens e reproduzem essa agressividade sem fim em todo lugar.

Bem, só estamos eu e você aqui... e esse segredo ninguém mais saberá. Nem mesmo você.

(Entra o enfermeiro em cena)

Enfermeiro:
Madame Primeira-Dama, já passou da hora da visita. Vou pedir para que a Senhora se retire, por gentileza.

Michellete:
Pois não.

(*Ergue-se ajeitando o vestido. Beija a testa de BozzonarUbu*)
Boa noite, Cair. Tenha bons sonhos. Espero.

(*Retira-se lentamente, olhando-o*)

(*Enfermeiro permanece no quarto um minuto, verifica a aparelhagem. Abre um armário e checa algo, retira um travesseiro e troca com o que estava na cadeira em que estava sentada Michellete. Passa um tempo olhando para BozzonarUbu - seu rosto coberto pela máscara médica - e sai, olhando para todos os cantos do quarto. Minutos depois, uma mesinha ao lado da cama começa a tremer.*)

Bolsa de Colostomia:
Áh? Mas, o que está acontecendo? Onde estou? Seria um sonho? Mas, peraí, sou eu ali, deitado! O que estou fazendo FORA de mim? Quem fez isso comigo? Isso é alguma macumba ou truque ilusório, porra? Tem mais alguém aí? Alguém me ouve, porra? Vou acabar com isso aí, talquêi?

(*A bolsa de colostomia tenta se mexer, mas só consegue produzir bolhas escuras*)

Será que eu consigo cantar? Deixa eu ver uma melodia aqui:

(*cantando*) Livre estooou... livre estoooou!!

Ah, droga. Ah, merda! Como é aquela mesmo do Bruno & Marloney? Como é mesmo a música tema do Rambo?

Preciso acordar! Alguém me coloca de novo dentro de mim! Alô? Alô? Isso cansa. Nossa... estou cansado. Preciso descansar um pouco. Preciso.

(*Passa-se alguns minutos ou horas. As luzes do hospital são apagadas.*)

[*De repente, entra um vulto no quarto, abrindo muito devagar a porta para evitar ser percebido. Aproxima-se na ponta dos pés do leito em que está dormindo BozzonarUbu. Estuda suas feições e lentamente pega o travesseiro que estava na cadeira. Aproxima o travesseiro de seu rosto, sufocando-o. O corpo tem alguns espasmos inconscientes durante alguns minutos, ainda enfraquecido. Nesse momento a Bolsa de Colostomia também vibra e a atenção do assassino é chamada para ela. O corpo pára totalmente. Os sinais vitais na máquina mostram uma linha reta contínua. O assassino está com os sentidos presos naquela estranha bolsa marrom que se treme. Ele se aproxima e o objeto faz um barulho estranho. Ele o segura em suas mãos, assustado e hipnotizado e, a partir de bolhas, forma-se a seguinte mensagem: "Sou bosta fétida radioativa, se você não me levar a quem te mandou fazer isso vou explodir e te deformar e deformar toda a sua família por algumas gerações, talquêi?"*]

CENA 10

General Mourrão, Esposa, Voz Indecifrável

(*Quarto escuro na casa do Vice-Presidente-Rei. Casal ronca. Telefone toca. Telefone toca mais tempo. Homem atende. Morrão estende a mão para atender o aparelho. A voz ainda embargada de sono.*)

Mourrão:
Alô?

(cochicho do outro lado)

Mourrão:
Ah, foi feito?

(cochicho)

Mourrão:
Como foi?

(cochicho)

Mourrão:
Ele reagiu?

(cochicho)

Mourrão:
Nossa... nossa!

(cochicho)

Mourrão:
Hã? Bolsa? Me entregar? Um pacote?

(nesse momento a Esposa acorda - ela acende a luz, ainda deitada. Ele está quase sentado, tronco apoiado na cama.)

Esposa:
Quem é?

Mourrão:
(para ela)
Shhh...

A família já foi avisada?

(cochicho)

Mourrão:
Alguém já sabe disso?

(cochicho)

Mourrão:
Foi há quanto tempo?

(cochicho)

Esposa:
(*quase irritada*)
Mas quem é a essa hora, oras?

Mourrão:
(*ao telefone*)
Pois então, é isso. Daremos prosseguimento. Não estou entendendo muito bem, tá cortando a ligação. Obrigado por ter me avisado.

(*Desliga. Coloca o aparelho de lado.*)

Esposa:
Homem… Mas, o que houve, pelo amor de Deu$?

Mourrão:
(*em silêncio, depois fala devagar*)
O Presidente-Rei… ele… ele… Ele Não…

(dá uma choradinha meio xôxa)

Esposa:
(abraça o esposo que sacode os ombros tentando chorar)
Ai meu Deu$. Coitado!

Mourrão:
Ele não resistiu...

Esposa:
(consolando o marido, que coloca a cabeça em seus ombros, virado pro público)
Pobre homem... pobre homem... mas, o que isso significa?

Mourrão:
(olhando para o público - quase que só para ele mesmo)
Significa que... conseguimos. Significa que conseguimos. Significa que... conseguimos!

(Seus olhos brilham. Sem sua mulher ver sorri para a audiência)
E, pelo que entendi, tem uma bolsa vindo. Ele foi tão generoso que deixou uma bolsa, provavelmente com dinheiro dentro... para nós. Muito! No fim, desapegou do poder... desapegou, que estranho. Ele tinha uma ânsia tremenda de saque e vilania.

Esposa:
(com voz chorosa, mas feliz)
Oh, que homem direito! Que homem direito e digno! Que amigo, Armilton! Que amigo!

(um minuto de silêncio)
Se quiser comemorar, me peça algo inusitado. Peça.

(luz no olhar de Morrão)

Mourrão:

Eu estava pensando aqui, precisamos mudar um pouco nossa rotina de intimidade. O Cair tinha me mandado um vídeo lá quando estava Estocolmo, durante o carnaval, perguntando o que era. E eu tomei há pouco um azulzinho...

Que tal tentarmos o tal do *Golden Shower*?

(música fúnebre em marcha de carnaval - fecham-se as cortinas)

* Fim do 5º ATO *

FIM

A redação da peça foi realizada entre os meses de Janeiro e Fevereiro de 2019, na cidade de São Paulo/SP.

Revisada entre muitos cigarros fumados entre os dias 20 e 24 de Junho de 2020.

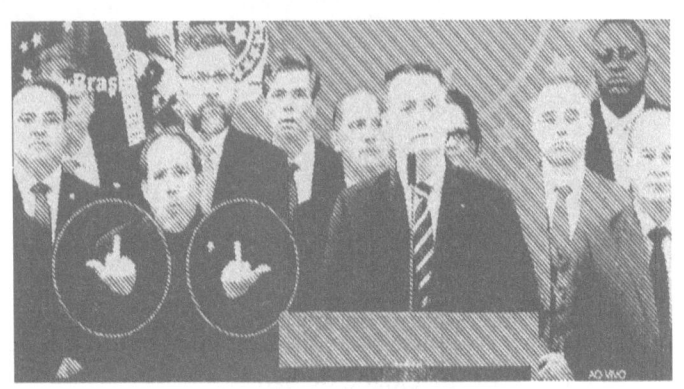

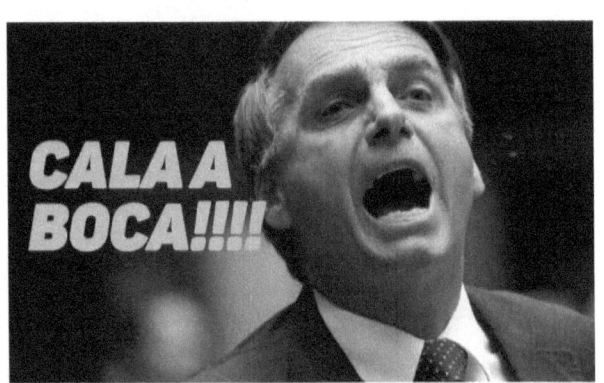

"Fique leve"

Posfácio

"Ê, pra frente, Plazil… salve a seleção", como era bonito o tempo em que cantávamos esse refrão, não é, gente? Tempo em que a esperança brilhava nos olhos, vibrava na alma dos brasileiros.

Mas, vamos falar sério aqui e agora, antes que me acusem de ter sido leviana.

E o primeiro ponto é… a autoria controversa desse texto-realidade no qual a máscara da sátira serviu bem para expressar o horror e a angústia que tingiu com tons densos nossa vida comum.

Não fui eu, Hellgina, a única responsável por escrever esta peça.

Por incrível que pareça infelizmente esse pedaço de paródia e zombaria, essa tragédia que sufoca o riso e só faz gargalhar quem já apodreceu a própria alma - e extrai a gargalhada envergonhada e triste de quem reconhece no absurdo a base efetiva da realidade dos acontecimentos contemporâneos…

Esse texto que mal se traduz na ilusão da arte, enfim, não se encontra confinado apenas na forma e tem tanto sua presença e marca históricas no cotidiano atual de maneira que faria exasperar e suspeitar o crítico menos atencioso ao que assiste, tal é o uso deliberado e distorcido das formas artísticas. O horror a que assistimos mal consegue aderir à forma e esta mal consegue digerir o seu conteúdo.

De certo a pujança do que está escrito - e da forma com a qual está escrito - é intragável e dá um nó nas tripas, nos olhos e no intelecto daquele que observa e participa deste enredo tenebroso. O único modo que encontrei de acessar alguma "leveza" no texto foi o método de tecê-lo como que a costurar metáforas e sínteses proporcionadas pelo humor do meme.

Até onde sei – já que admito não conhecer tanto assim, principalmente no que diz respeito aos textos fabricados e encenados contemporaneamente – me parece que há algo inédito aqui e que foi arbitrariamente batizado por mim de "*Ópera-Meme*". A Ópera por conceito e excelência tem por base elementos musicais, dança... tudo o que é distorcido – e silenciado - aqui através de uma perspectiva de base ideológica que tem aversão confessa à arte e a tudo o que recende a Cultura e Letramento. Nosso conceito, então, opera com base na negação de sua própria raiz e natureza – procedimento muito comum na política contemporânea – , revelando a práxis anti-estética dos que, neste momento crítico, ocupam as mais altas posições hierárquicas do país.

Alguns pesadelos são mais reais que a vida e boa parte deles as mulheres e homens têm chamado de História.

Invocar os acontecimentos por seu pano de fundo ajuda-nos a atravessar o naufrágio de nosso tempo e entender tudo com um relance de lucidez quase maníaca. E ter lucidez nesse momento pouco tem a ver com manter a tranquilidade de um bom senso apático do que enervar-se ao nível de ansiar demolir esse real que esmaga a todos e a cada um - sem nesse ato mesmo de demolição outorgar ou permitir seu uso como um ato de interpretação e ação em favor dos demolidores cobiçosos de vantagens próprias e que têm propalado o terror, a submissão, a injustiça e a idiotice generalizadas.

Como disse, não fui a única autora desta peça.

Ela foi escrita e vivida num acordo tácito entre as genocidas e gananciosas elites, usurárias, prosaicas, arrogantes e eugenistas, preconceituosas, decadentes, amplamente toscas e torpes em suas performances monotemáricas. Elite essa com sua mania de grandeza, pobre em suas copidescadas referências.

Mas, também como não apontar, como a outra parte do acordo tácito citado acima? A apatia tropical de todo um povão - entre o ingênuo e o maldoso, na fábula da cordialidade que camufla sua agressividade-passiva - que busca a ascensão sócioeconómica a todo custo mantendo e buscando míseros privilégios, esmolas de "promoção" e proteção resignada, charlatânica, embevecida nos floreios do capachismo hipócrita, em seu rompante de mediocridade autoperpetuadora, mantendo o clientelismo e sua ética tétrica da falcatrua, da vulgarização moral e estética ao preço de seu legítimo autodesenvolvimento individual e de consciência de classe?

Consciência essa que é facilmente prostituída pelos engodos e inautenticidade instituída pelo mar de coisas e consumismos num solilóquio de demônios que se cumprimentam e se refestelam na brutalidade e na ignorância partilhada e densamente reproduzida.

Grande parte disso na ignomínia e segregação produzidas pela escravidão ostensiva que nunca teve fim e pelo descaso absoluto que legisla - sob a cobertura dos cargos mais oficiosos e das "boas intenções" institucionais - nestas terras, nesta língua e nesta cultura.

Quando o conservadorismo se passa politicamente como "*anti-establishment*"; quando celebridades midiáticas e influenciadores digitais passam a pautar e se tornam, efetivamente, escudos ideológicos e pedras filosofais, subespécimes de curas do novo entendimento e salvadores da pátria; quando cantores *pop* são entronados como a consciência de seu tempo - percebemos que foi-se esfacelada a real dimensão do *status quo* e que levamos a doença, a ignorância, a inconsciência, a carência, a falsa representatividade, a ideologia e a orfandade de "massa" a um intolerável nível novo - no entanto, ainda raso - arrastando a miséria e os desejos reais para o abismo civilizatório que cavamos. E para longe demais - a pobreza dos instrumentos de análise da vida e da atual e desesperada sobrevivência apenas o atestam.

E o pum do palhaço, essa grandiosa manifestação de nossa cultura? Não poderia deixar de vir aqui sob a forma do peido contínuo do protagonista que transforma não apenas a cena, mas instituí o reflexo e o refluxo disso num Brasil que se encontra em um estado de sítio, um Campo de Concentração a céu aberto, com todos nós obrigados a cobrirmos o rosto para não morrer e não sufocar com o cheiro dos peidos pestilentos vindos de Brasília, do presidente e de sua família.

Mas, "fiquemos leves". Por que carregar cadáveres nas costas, não é mesmo?

As últimas notícias já notificam que já passamos de mais de 63.000 mortos – isso mesmo... 63.000 M-O-R-T-O-S (antes de tudo são PESSOAS com histórias de vida!) - devido à pandemia do CoVid-19 e à negligência oficial capitaneada pelo obscurantismo, negacionismo e as arcaicas atitudes de predação econômica agora sob a corrente neoliberal.

O presidente da República agora quer desobrigar o uso das máscaras e reabrir o comércio e as atividades econômicas como se nada disso estivesse acontecendo. Como se não existissem contágio e mortes, como se o antigo e o novo normal fossem exatamente a mesma coisa, o mesmo jogo, as mesmas regras bárbaras de convivência social.

É chegado o momento de dar um basta e rejeitarmos tudo isso em bloco e trabalharmos o luto desta surrealidade brutal e quântica que se apodera e empodera da angústia, do sofrimento e até da paz artificialmente formulada em cada brasileiro, de cada criatura ignorante e arrastada pro retrocesso pela maquinaria de mentiras que os conservadores criaram pelo pânico que sentem das transformações evolutivas da vida.

É chegado o momento de nos livrarmos dessa apatia e preguiça que nos enjaula numa falsa mentalidade de sucesso e fracasso, nesse uso dos rebanhos forçado pelos algoritmos da farsa, nesta peça burlesca chamada Brasil contemporâneo. Uma sátira distópica que consegue ser muito pior – em verdade – do que o que o leitor acaba de ler.

Enquanto genocidas cúmplices, Bolsonaro e sua família devem sofrer os processos de impedimento, julgamento e prisão. Seus crimes, suas "patifarias" e sua negligência já aceleram em demasia perigos antidemocráticos, sanitários, legais, diplomáticos e humanitários em todos os níveis.

Diante disso resta, agora, a missão sagrada de levantar a cabeça e organizar uma reação vasta e visceral alimentada pelas fontes de uma estética da vida de maneira a convidar à criação coletiva todos os esfomeados por um novo destino e uma nova realidade.

E em tal levante, em que todas as potências e faculdades humanas são convocadas ao processo da reinvenção cotidiana, cada indivíduo pode liderar a si mesmo e dialogar com as diferenças de modo a configurar um novo corpo social na qual a epidemia do fascismo não prosperará.

Eis a única e a última de nossas esperanças.

***

Enquanto escrevo esse texto acaba de me chegar a última "novidade" do governo ultraconservador de Bolsonaro e seus asseclas.

Trata-se da intromissão dentro na ONU numa negociação diplomática que condena a discriminação de gênero e busca fortalecer o direito das mulheres. Inegável avanço histórico, principalmente em um momento em que a pandemia tem revelado a disparidade e desproporcionalidade da segurança e dos direitos femininos.

O absurdo é ainda maior quando se considera que a intervenção do Brasil acaba por entrar em acordo com a postura dos países mais repressivos e ditatoriais no que diz respeito ao reconhecimento e valorização das mulheres, como nos países sauditas de base fundamentalista islâmica.

E principalmente por conta de regressões inexplicáveis e doentias como essa expressas pela diplomacia brasileira que devemos recompor nossas resistências e nos mobilizar para impedir que sejamos afogados todos numa Idade Média que não pára de expôr suas trevas.

Hellgina NoArt
em 03 de julho de 2020

BREVE AGRADECIMENTO

À todas aquelas e aqueles que lutam no dia-a-dia através da história para que essa peça se torne, no final das contas, apenas mais um artefato perdido amontoado no vasto museu da miséria passada.

Dedicamos esse trabalho a todos os guerreiros no front e nos bastidores contra a pandemia do vírus e da contaminação política e cognitiva contra esse doença fascista que necrosa o país e o mundo.

A todas as vítimas mortas pela pandemia e suas famílias nossa humilde solidariedade, estima e desejo de coragem!

SOBRE A AUTORA

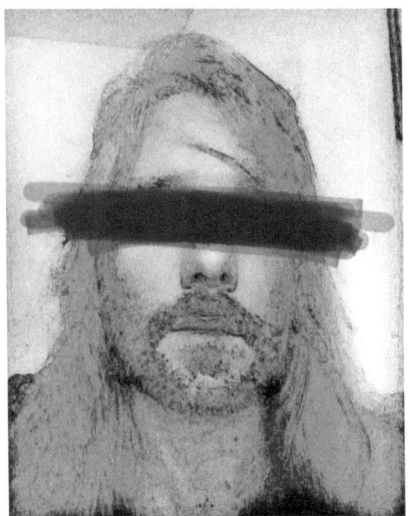

]

Quem é, afinal, Hellgina NoArt?

Hellgina é você, Hellgina sou eu, Hellgina é ela, ele, nós, vós, eles, elas. Hellgina NoArt é uma máscara de acusação e deboche que pode caber em cada rosto que se contorça diante da ópera bufônica da realidade política nacional. Hellgina é a tentativa malandra de redimir a "namoradinha do Brasil" em forma satírica e quase violenta na qual todos os gárgulas aprisionados no seio da silente oposição vem ao palco com sede de justiça e

sem medo de expor a nu o ridículo dos podres poderes. A voz
abafada aqui é, ironicamente, a mais poderosa denúncia.

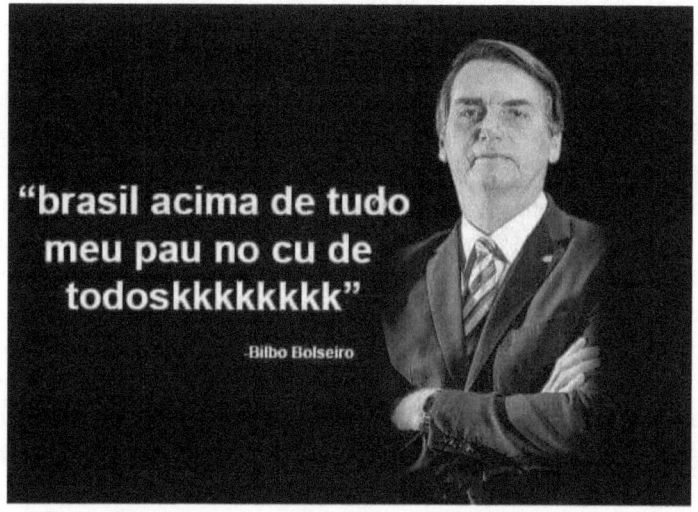

O cúmulo do desprezível, confere?

_provokeATIVA é uma editora nascente de base independente, que cultiva e anseia propagar o espírito-livre, a busca espiritual, xamânica, psicodélica, mística, filosófica, propõe pesquisas e questões relativas aos comportamentos, mentalidades, subjetividades, linguagens, história cotidiana, valores morais e estéticos nas culturas existentes. Propomos abarcar a diversidade de estilos e de gêneros relativos à produção literária, poética, ensaística, teatral ou experimentação geral, buscando novos horizontes para o formato-livro, para a expressão do pensamento pela linguagem escrita ou mesmo por meio de outros gestos da criação artística. Valorizamos desde a escrita lúdica, o bricabraque, o gesto poético, à crítica política, cultural, socioeconômica passando pelo estudo ou ensaio científico-filosófico sério e rigoroso. Idealizada pelo poeta, performer, filósofo e tradutor **Ikaro Max**, nossa editora anseia se conectar aos problemas dos tempos atuais, sem desprezar a contribuição de outras formas de pensar, sejam históricas ou antropologicamente diversas de seu espaço-tempo original de nascimento, ajudando a fomentar ainda mais o pensamento e ação críticas entre, prioritariamente, jovens e adultos do mundo (pós)moderno – bem como, também, dos curiosos e espiritualmente abertos dentre as gerações precedentes. O objetivo principal desta edição é ajudar financeiramente na manutenção de nossa plataforma e sistema digital e material de trabalho, publicação e difusão, servindo de meio para que outras pessoas também possam conhecer nosso trabalho, bem como facilitar o surgimento de novos projetos e empreitadas, com novos parceiros, por parte da _provokeATIVA.

Outros lançamentos:

Full Foda-Se (impresso - 2019), de IkaRo MaxX & Roger Tieri
Canções para os libertários do Século XXI (a sair em digital – 2020), IkaRo MaxX

Essa obra é fruto do planejamento de nosso selo editorial diante dos problemas financeiros advindos com a pandemia do CoVid-19. Apóie essa e outras iniciativas advindas de editoras e autores independentes.

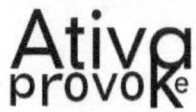

São Paulo – SP / 2020